LET'S RIGHT NOW CHANGE YOUR "WORDS"

今すぐ「言葉」を変えましょう

佐藤由紀 著

Nanaブックス

装丁／本文デザイン――井上祥邦（yockdesign）
ＤＴＰ――福原武志（エフ・クリエイト）
校正――鳥海美江（バード・ワーク）

はじめに、言葉があった。
言葉は神とともにあった。言葉は神であった。
すべてのものは、これによってできた。
できたもののうち、ひとつとしてこれによらないものはなかった。

（ヨハネによる福音書）

プロローグ

私は以前、アメリカン・エキスプレス社の法人営業部門で営業社員として働いていました。

小さな既存市場にガッチリと参入障壁が立ちはだかる中、市場開発と顧客開拓から始めて、誰もクリアしたことのない営業目標を達成するミッションはとても困難なものでした。その大きな営業目標のせいで、いつも真剣に悩み、考え抜くことばかりしていました。そして不安や緊張などのストレスからか、顔色はずっと真っ青のままでした。

もちろん、努力と行動の量だけならばかなり頑張っていたと思います。ビジネススクールで学んだ手法をアップデートし、時間と費用をかけてスキルや知識の補強に駆けずり回りもしました。

しかし、「今度こそこれが解決策になる」と信じて足を動かすものの、結局は現状打開の手法に出合うことはできませんでした。

そんなとき、仕事先でふっと立ち寄ったのは「小さな町の小さな本屋さん」でした。そして現状打開の鍵は、その書店に何気なく並んでいた1冊の本の中にありました。また、次に足を止めたコンビニエンスストアで手に取ったもう1冊の本の中にも、大きなヒントを見つけることができました。

その2冊の本が教えてくれたことは、**「言葉には力がある。いい言葉を使うといい人生がつくられる。だから肯定的ないい言葉を使う」**というとてもシンプルなことでした。

今日は○○メソッド、明日は△△理論と、かなりの「頭でっかち人間」だった私は、正直**世の中にこんなことがあっていいのか、とかなりビックリしました**。

しかし、確かに言葉は心や魂にグッと響いてくるものでもあります。そこで、「肯定的ないい言葉を使う」だけなら、と半ばダメもとでこのシンプルな習慣を私は試してみたのです。

結果、前人未踏の営業目標を達成するまでに、さほど時間はかかりませんでした。

仕事の成果は大きくいうと、努力と行動に加えて、「スキル×知識×マインド」の掛け算で決まるといわれます。努力、行動、スキルや知識が成果を出すには必要不可欠の要素であることは、多くの人が知っていることと思います。

ではマインドについてはどうでしょう？　学校、ビジネススクールや仕事の現場で、明確に「必要条件」として教えられる機会は少ないのではないでしょうか。でも、マインドの力は人間関係、ストレス回避、モチベーションアップ、目標達成、結果を出す、キャリアゴールを果たすなど、あらゆるビジネスの局面に深く関係しています。

そして今回、さまざまな厳しい局面をマインドの力を発揮してうまく乗り切るための「先輩体験談」をお伝えしたく、私は本書を執筆させていただきました。

言葉とマインド、つまり頭と心は直結しているのです。

言葉を上手に、そして意識的に使うことで、マインドを自分でマネジメントすることは本当に可能です。

本書のテーマは、**「肯定的な言葉を使い、自分自身で快適にマインドをマネジメントし、実力をフルに発揮すること」**です。

難しいように感じるかもしれませんが、結局は、いつも「肯定的な言葉」を使っていくだけでいいのです。

費用も時間もかからず、誰にでも今すぐ始められることです。するとどうなるか……、

◆実力を発揮できる。仕事で無理をせずに成果を出すこともできる
◆ビジョン、望む結果、理想的な自己のセルフイメージを明確にすることができる
◆他人とのコミュニケーションがよくなり、よいご縁に恵まれる

ということが起きるようになります。

私が山のようなトライ&エラーの果てにつかんだ、本当に簡単な方法やそのエッセンスを、最大漏らさないよう本書には詰め込みました。

Chapter 1 は概要、Chapter 2 は根拠、Chapter 3 はスタンダードな活用法、Chapter 4 は一流の人の言葉の習慣術、Chapter 5 はブレークスルー体験談、Chapter 6 は言葉の使い方を完全に習得するまでのコツやヒント、という流れになっています。

しかし、本書はどこから読んでいただいても問題ありません。

皆さんがこの本を手に取ってくださったことは偶然ではないでしょう。現在の皆さんに必要な情報や言葉が本書の中にきっとあるはずです。

まずは「肯定的な言葉を使っていくと、自分に一体何が起きるのか」と想像しながら、「これは使える」と思えるものを見つけて、実行してみてください。きっとそれらが皆さんの課題、問題の解決、成果やブレークスルーに大きく作用していくと私は信じています。

人間の運や能力には、さほど大きな差はありません。結局はどれだけ本来の実力を発揮できるかどうかです。

私の仕事人生がたった2冊の本で開かれたように、皆さんが本書の中にヒントを見つけていただければ、これに勝る幸せはありません。

今すぐ「言葉」を変えましょう

CONTENTS

CHAPTER 2

世界一やさしい習慣　理論編

CONTENTS

CHAPTER 3

世界一やさしい習慣　実践編
言葉×行動＝無敵のビジネスパーソン

CHAPTER 4

一流の人から学んだ「言葉の力」

CHAPTER 5
ブレークスルーのつかみ方

CHAPTER 6

言葉はあらゆる事象を好転させる

CHAPTER 1

世界一やさしい習慣にたどり着くまで

頑張っているのに、どうして……

課題、求められる成果、人間関係、能力、スキル、自信、ヤル気をどう高めるか、などなど仕事をしていく中では解決しなければいけないことがたくさん出てきます。この本を手に取ってくださった皆さんは、現在、何かに真剣に向き合っている方なのでしょう。あるいはブレークスルーのための有益な情報を求めているのではないでしょうか？

私もそんな一人でした。

これからお話しする〝世界一やさしい習慣〟にたどり着くまでのことを、今でも懐かしく思い出します。

当時、私はアメリカン・エキスプレス社の法人営業部門に勤務していました。業務内容を一言でいうと、毎年、新規の法人顧客を開拓して数十億円単位の目標数字を達成する仕事です。

「毎年」ですから、「パイプラインマネジメント」と呼ばれる見込み顧客の絞り込み、コンタクト、セールスにかかる時間、案件獲得の確率を考慮して、時系列に適正な売り上げを計画し、実行していかなければなりません。

当時の日本国内のカード利用率は7%。北米20%、英国29%の主要先進国と比較すると、市場としてはまだまだ発展途上です。

その市場も、銀行系などの系列の市場がある程度構築され、アメックスのような後発の外資系にとっては参入障壁が高いものでした。

それでも、アメックスは私には大きな魅力がある企業で、同業他社から転職をしたのです。

一流のブランドをつくり上げ、変革しながら世界で選ばれ続ける企業力、ダイバーシティ、多様性に満ちて女性であることもハンデにならない職場環境、プロセスや結果への公正な評価、現場での実戦経験を鍛え、より多くのお客さまに出会えること――。

転職当事の私には、市場開発の難しさはわかっていたのですが、かなりのブランド力があるのだから、仕事もやり方次第だろうと考えていました。

しかし現実は相当厳しいものでした。潜在市場は大きいのですが、市場開発から始めていたのでは目標数字達成に間に合わないのです。とはいえ、既存市場の障壁は高すぎる。上司は「法人新規開拓はプロセスが長いからは気を楽に」と優しい言葉をかけてくれるのですが、前人未踏の目標数字は天文学的に思え、プレッシャーだけが重くのしかかる日々が長く続いていました。

特に、毎週のミーティングはかなり気が重いものでした。

「いつ、どこで、いくら見込めるのか報告してください」と問われるのですが、根拠となる見込客の絞り込み、コンタクト、セールス活動の進展が目に見えて進まない中で、何をどう報告すればよいのやら……。

何かしらを報告するのですが、「結果だけでいいから。いつどこでいくら?」と再度問われると、万策尽きた、と力が抜けたような状態になっていました。

当時の私は、土曜日も日曜日も、仕事をせずにはいられませんでした。もちろん会社から要求されたことではありません。自発的に一種の心の安定剤を飲んでいたようなものです。努力の量で自己暗示をかける以外に方法が考えられなかったのです。

目標達成への責任、プレッシャー、まるで目に見えてこない成果――。光も届かない過酷な環境で耐えがたきを耐える深海ザメの姿に自分が重なっていました。

人間の心には、ボールのように、投げた方向にどんどん転がりだす特徴があるといわれています。最初は、お客さまのお役に立てているか、組織に貢献しているか、やろうと思ったことをできているか、と前向きの思考で業務に取組んでいました。「マズローの五段階の欲求」でいう、「自己実現の欲求階層」です。

ところが、いつの日か気づいたときには「このままやっていけるだろうか」と、考えているのは自分のことだけ、「安全の欲求階層」にいたのです。

さすがに、危機的状況を自覚し、ふっとわれに返ることができたときは冷や汗をかいたりしました。

そして、

「この『舞台』に立つまでに、どれだけの努力をしてきたことだろう。両親や家族をはじめ、どれだけ多くの方に応援されてきたことだろう。絶対にここでは終われない」

という気持ちがわき上がってきました。

そして、努力の量のほかに、何か解決策があるはず、必ず探してみせると決意したのです。

2冊の本との運命の出合い

それからの私は想像し得ることは何でもしました。

まず、基本となるスキルの見直しからです。**社会人経験が長くなると、それに安心して、必要なスキルがないこと、陳腐化していることに気づかないことが往々にしてあります。**

飛び込み、アポ取りなどコンタクトのスキル、気持ちよく商談をさせていただくための傾聴スキル、わかりやすい資料の作り方、プレゼンテーションのスキル。セールスサイクルとよばれる新規開拓の各段階に必要なスキルを、私は一つひとつ補強、またはアップデートしていきました。

次に、経験を含む知識の見直しです。

まずは、かつて学んだビジネススクールのマーケティングの教科書をひっくり返して要点を整理しました。

営業、新規開拓といっても、かなり市場開発の要素が高い業務は非常に役に立ちました。また経験談の蓄積にも投資しました。

先人の成功体験は、そのまま役立つことは残念ながらありませんが、イメージづくりにはかなり役に立ちます。

営業本を読みまくり、足を動かして経験者の話を聞いて回りました。あるときは大きなビジネスウーマンの集まりに出かけ、パーティーの席で現在は横浜市長になられた林文子さんに、直接具体的な質問をさせていただいたこともありました。

また、営業はお客さまあっての仕事。ご縁づくりからと自費でアメリカ商工会議所のメンバーになり会議などに一生懸命参加しました。

それでも成果はなかなか見えてきませんでした。

次に、モチベーションや自信を生み出す「マインド」づくり、すなわち思考や想像力、心を鍛えることも重要なのではないかと私は思い始めました。

しかし、**問題は「どうやってマインドをつくるか」です**。誰だって強いマインドは欲しいはず。でも具体的なHOWがないから、大変なのです。

ビジネススクールのモチベーションの教科書は、理論であってHOWに乏しいのでパスしました。

『思考は現実化する』（きこ書房）など目標達成の技術に関する本は、体系だった理論や実践方法が満載で素晴らしいと思いましたが、内容が複雑すぎて挫折……。

次にコーチングを受けてみることにしましたが、結局、私にはまるで効果がありませんでした。見かねたコーチに勧められて、次にカウンセリングを受けてみましたが、カウンセラーから質問されることは毎回「どうしてできないか分析してください」といったものばかり。「そんなの私が知りたいよ。それがわかったらここにいないよ」と、どんどん私の顔色も悪くなる一方でした……。

実際、そこには大きな落とし穴がありました。コーチング、カウンセリングと聞いて飛びついたのですが、**必要だったのは、「なぜできないか」ではなく、「どうなりたいか」という点**でした。

できないことを起点に分析しても結局何も進みません。**できることを起点にするから人は動ける**、私はそう気づいたのです。

結局、「マインド」の鍛え方はいい方法が見つからず、それなら運動をして気持ちだけでもスカッとしようと、真冬に競技ヨットを始めることでひとまず落ち着きました。

なかなかよい方法に出合えなかった理由は、そう簡単に人に教えられるものではない、だからいい方法があまりないというのが真実なのではないでしょうか。

そんなとき、素晴らしい解決策を示してくれたのが、ある2冊の本との運命的な出合いです。

1冊目は、斎藤茂太先生の『いい言葉は、いい人生をつくる』(成美堂出版)。読みながら、斎藤先生が大事にしてこられた一つひとつの言葉が、心から全身に響き渡ったのを覚えています。

音楽だって、明るい音楽を聴けば明るい気持ちになるし、悲しい音楽を聴けば悲しくなるのだから、言葉だって同じなのだと私は気づいたのです。

気持ちを盛り上げたいときは、明るい言葉を意識して使う。結局〝ただ、それだけ〟でよかったのです。

本当に目からうろこが落ちるような気持ちでした。

2冊目との出合いは、佐藤富雄先生の『愛されてお金持ちになる魔法の言葉』（全日出版）でした。言葉がいい人生をつくるなら、人生を構成する要素である愛やお金をつくることも、さらには仕事、成果、夢、望む未来をつくり上げることも可能なのではないか？　この本を読み進めてみてそう気づいた途端に、私は気持ちがパッと明るくなりました。

「人生」と考えてしまうと、まだまだ先のような気がしてしまいますが、「愛、お金、成果、仕事、夢、希望」は目の前のことに感じられたのです。

この現実感、リアルな感触に、自分の中の何かが突き動かされ始めたのです。

人生を開いてくれた2冊の本が教えてくれたことは、

「まず言葉ありき」

「言葉は、心と行動に大きな力をもつ。脳から生まれ変わることができる」

「言葉通りのアウトプットが生まれる」

ということでした。


私はとにかく即行動に移してみました。

といっても、**日常使う言葉をいい言葉に変えるだけ**。本当にささやかな意識を変えただけです。それはタダで今すぐからでも、たった一人でもできることでした。


正直こんなことで、何かが変わるのならもうけもの、と私は思いました。

例えば、私は次のように一つひとつ気合を入れて、楽しみながら言葉を変えていきました。

□起きるのがつらいな……↓今日はいい一日になる！
□すみません↓ありがとう
□また問題が起きた……↓解決できないことは起きない！
□雨が冷たい……↓雨のマイナスイオン効果は最高！

□失敗するかも↓成功の予感がする！
□どうせ私なんか……↓私にはできる！
□また嫌なことが起きた↓これでいいのだ！

このうちの一つでも実際に口に出してみてください。気持ちの違いはどうでしょうか？

例えば、「また嫌なことが起きた」と言葉にすると本当に嫌な気持ちがします。しかし「これでいいのだ！」と強く言葉を発すると、本当に肯定感がわいてきませんか？

言葉には感情が必ず付帯します。ですから、心がまえをいきなり変えることは難しくても、言葉を変えることで、自分の「マインド」を望む状態へ持っていくことは可能なことなのです。

言葉を上手に使うことで「マインド」、すなわち心というコロコロ転がり制御しにくいやっかいな存在ですら、望む方向へ持っていくことも簡単にできます。

一瞬、一秒の言葉の選択の積み重ねが、大きな結果の違いをもたらす、私が気

づいたのは、正にこのことでした。

そして脳科学をはじめとして、興味を持ったあらゆる分野の情報収集を始めたのもこのころのことです。

念のために申し上げておきたいのですが、本書には脳や心のことなど、専門的かつ科学的な記述がいくつか出てきます。これらはあくまで一般のビジネスパーソンであった私が、さまざまな文献から得た知識を、自己体験を通して納得できたものとしてこの本に書き記しています。

本書では、これら脳の働きやその大まかな仕組みをつかむ、という意味でこういった記述を読み進めていただければと思います。

なだれのように成果が押し寄せて……

ところで、その後の私はどう変わったのでしょうか。読者の皆さんがいちばん気になるのは、こちらの結果ではないでしょうか。

まず、すぐにいろいろなことが動き出しました。

アポイントの数が増え、商談内容の速度が上がり、プレゼンテーション後の成約率が高くなりました。

また、難しいと思われた案件も、社内やお客さまの方で、他部署、海外支社など、予想もしないところから協力者が現れ、問題が解決して案件がまとまり始めたのです。

また、お客さまから関係企業をご紹介いただいたり、契約する商品を増やしてくださるケースも増えました。

さらに驚いたことは、一度もコンタクトをしたことのないお客さまから突然お問い合わせをいただくことが多くなったのです。

気づくと、あれよあれよと、**年度スタートからたったの4カ月で、アッという間に前人未到の売り上げ20億円をクリアしていました。**

まさに成果がなだれのように押し寄せた、といった感じです。

また日系企業や外資系企業など、複数の顧客に対して、すべての自社商品をカバーしての目標達成というのは、部門でも初の快挙とのことで、自分以上に驚いたのは周囲のスタッフだったと思います。

真っ青な顔をしていたかつての私が、年度スタート4カ月で一躍トップセールスパーソンに変身したのです。

一体何が違ったのでしょうか？

本質的には知識やスキルの習得によって行動の質も高まっているのですが、それを生かすのに必要不可欠なものが2つ備わったから、私はそう思っています。

一つは「セルフイメージ」です。これは「自信」と密接な関係があります。「セルフイメージ」は自己像、心に描く自分の姿、と呼ばれることもあります。

人間は、目標や計画など数字に表されるものだけでは心が反応しにくく、それ故、数字などの目標から、「セルフイメージ」をつくり上げるのはかなり困難な作業だと私は思っています。

つまり、こうなりたいと思うものになれるかどうかは、自分自身がもつ「セルフイメージ」そのものに拠《よ》るということです。

2つ目は「マインド」、心の状態そのものです。

不安や緊張でいっぱいのストレスフルな状態では、実力を発揮することは難しく、いい心の状態が必須になります。これには、困難な状況が起きたときのとっさの一言「これでいいのだ！」が非常に役に立ちました。

あとで知ったのですが、これは心理学用語では「リフレーミング」に相当します。この一言で状況解釈における選択肢を増やすことができたおかげで、ストレスから解放され、私はどんどん先に進むことができたのです。

私が発見した「言葉の力」には2つの側面があります。これらを上手に活用することで、自分のセルフイメージをバージョンアップしたり、「マインド」すなわち心の状態を整えることが簡単にできます。まとめると次のようなことになります。

1、意識や思考、想像力を形成していくという側面

2、音響に深く関係しているという側面。発する声のトーンや付帯する形容詞が特に関係するといった特徴がある

さて、セルフイメージが「多分、できない」から「必ず、できる」に書き換えられ、不安緊張ストレスなどから解放され、リラックスした心の状態、つまり何が起きても大丈夫、と解釈していくマインドが、その後の私の人生に大きな変化をもたらしたわけですが、不安、緊張、ストレスを抱えたまま、「多分、できない」というセルフイメージを心に描いたままだったとしたら、どうだったでしょうか？

ズバリ1万年続けても成果が出ることはなかったと思います。

翌年も同じように20億円の売り上げを私は順調にクリアしましたが、これこそがセルフイメージから変わった最大の利点であり成果です。

つまり、**新しいセルフイメージがそのまま結果に表れただけ**だと私は思っています。

まとめ

- **人間は、セルフイメージ通りの行動をします**
- **その結果も、セルフイメージ通りです**
- **そして、言葉によってセルフイメージをつくることも可能です**

2000年を経て選ばれた世界のスタンダード

その後、ある程度の経験と年月をかけて「言葉の力」への揺るぎない確信へと私は至ります。

信じる力、つまり確信と効果には相関関係がありますので、ここで重要な点を紹介したいと思います。

まず、自信を持ってお伝えしたいのは、**「言葉の力」の活用は、2000年の人類の歴史における、世界標準、つまりグローバルスタンダードである**ということです。

つまりそれは「本物」と呼べるものなのです。

紀元前までさかのぼり、人はどう言葉を活用してきたかについて強い探究心がわき、仕事をしながら私はかなり深く学びました。

学んでみてわかったことは、紀元前の時代からすでに、「人間は悩みやすい存在であった」ということです。ほほ笑ましく感じてしまうのですが、であるからこそ、哲学や文学が発展したのでしょう。

また聖書にも「はじめに、言葉があった。すべてのものはこれによってできた」とあるように、「言葉の力」を信じて多くの人々がこの〝力〟を活用してきたのだといえるのではないでしょうか。

中世を経て19世紀に入ると『「思い」と「実現」の法則』のウォレス・D・ワトルズ、『「原因」と「結果」の法則』のジェームズ・アレンなどの有名な自己啓発書の作家が登場するようになります。

一方、近代三大発見の一つといわれるフロイトによる潜在意識の発見以降、アメリカを中心に近代哲学はどんどん実用的なものが登場します。ナポレオン・ヒルやジョセフ・マーフィーなどの人物名は、皆さんも耳にしたことがあるかもしれません。

これら19世紀以降の成功哲学には共通することがあります。それは**実践方法に必ず「アファーメーション」と呼ばれる言葉を声に出す自己説得や、「誦文《ずもん》音読」が含まれること**です。すなわち言葉を先人たちは力として活用してきたということです。

また、人との出会いを通しても「言葉の力」への確信は深まりました。

アメックス退職後、私は海外営業の仕事に携わり、世界各国のビジネスパーソンと会う機会に恵まれましたが、**見事に例外なく一流の方はいい言葉を使っていました。**

何かが起こったときの一言、人にかける一言からして違うのです。

言葉は品格や人格を表し、一流の方や成功者はその人にふさわしい言葉を使う、これも世界共通のことでした。

また、「逆パターンを実験したらどうなるか?」も「言葉の力」の確信を得るには重要な点だと思ったので私は実験してみました。

そこまで体当たりするか、と思われるでしょうが、だからこそズバリ言い切れます。

結論からいうと、言葉通りのアウトプットが表れる、この一言です。

いい言葉からはいい結果が生まれますし、逆も真なりで、それ以上のこともないし、それ以下のこともない。つまり例外は一つもありませんでした。

人間ですから、「このくらいならいいかな」と思うこともあるでしょうが、**でも「このくらい」の言葉遣いが禁物**です。そこで微々たる違いでもいい言葉を選択できるかどうかが分かれ道となる、と最初に断言したいと思います。

言い換えると、いい言葉は「貯金」。使うほどに利息がついてどんどん幸運がたまります。一方、その逆は「借金」です。ですから、この実験は皆さんにはお勧めできません。私の場合、「言葉の力」を知る前は、まさにその状態が日常、習慣であっただけに本当に変な話ではあります。**木登りと穴掘りほど違う**ことだけは断言しておきます。

また、「言葉の力」の活用以外でも、目標達成をサポートする技術や手法、セミナーはたくさんあります。しかしここでは、私なりに「言葉の力」の独自の差別化ポイントを把握するために比較研究をしてみました。

もちろん、コーチング、カウンセリング、コンサルティングなど個別のサポートが有効な場合は多々あります。しかしそれらと比較した場合、「言葉の力」がより有効である理由は次の2つです。

1．「結局、人間は一人で思考する時間がかなり長い」ということ

2．「日常の習慣において簡単に継続できる」ということ

例えば**第三者のサポートを受けたり、よい研修を受けても、私たちが過ごす時間というものは、それ以外の時間の方が圧倒的に長い**のです。

「言葉の力」の活用とは、一瞬一瞬の言葉を個人が選択し、心の状態を整えたり、望む結果や自己をイメージし、自分で励ましたりエネルギーを上げられるものです。

これがたった一人でできるとしたらもうけものではないでしょうか。課題の解決が自分でき、自分の欲しいものがわかり、自分で自分を盛り上げることができたとしたら――。

これ以上**シンプルな生き方**はないのではないでしょうか。

まとめ

・先人たちは言葉の力を活用してきた
・それは２０００年前も同じ、世界共通のこと
・人間は一人で思考する時間がかなり長い

あえて、強調したいこと

また、ここであえて強調したいことがあります。

仕事の成果や、得たい結果を得る、何かを変えるには、当然ながら努力や行動が必要です。

例えば、仕事には知識、スキル、マインド、行動が必要だとよくいわれますが、「言葉の力」がカバーできるのは、このマインドの部分です。

いい言葉を使い、マインドがいい状態でも、やはり知識やスキル、行動のないところには最良の結果は生まれてきません。

でも、一つ大事なことがあります。知識やスキルがあり、きちんと行動してい

ても**マインドがマイナスだと、掛け算方式ですべてが水の泡になってしまう**ということです。逆に知識やスキルがまだまだでも、喜びにあふれたマインドがあれば、知識やスキルアップのスピードも加速し、行動の量もグンと増えるでしょう。また、周囲からの協力も増えるはずです。

つまり、**「言葉の力」がカバーするマインドは十分条件ではありませんが、必要条件であり、建物でいう「マスターキー」に相当し、ものすごい力を発揮します。**

営業系の方は如実に数字に反映されますし、マーケティング、広報やコーポレート部門など数字に反映されない方はクオリティ、人間関係に影響し、よい結果となって必ず返ってきます。

強調するからにはもちろん、私自身の経験と実績に裏づけられた大きなポイントでもあるからです。

そして、この**「言葉の力」と使用方法は学校、職場、ビジネススクールでは教えてもらえない世界一やさしい習慣なのです。**

今すぐ、しかもタダでできる！

いよいよ理論編、実践編と進んでいきますが、ここまでの話をおさらいします。

□人生は言葉通りのアウトプットが生まれる。そこに例外はない
□そして、いい言葉は貯金、その逆は借金
□言葉は心と行動に大きな力を持つ。だからまず言葉を換えるのが近道
□人間はセルフイメージ通りの行動をする。言葉でセルフイメージをつくることは可能である
□「まず言葉がそこにあった」と、人々は昔から「言葉の力」を使ってきた。「言葉の力」の活用は２０００年以上人々に選ばれ続けた世界のスタンダードである
□望む結果を得るには、「言葉の力」だけでは十分ではないが、必要ではある
□「言葉の力」と使い方は学校、職場、ビジネススクールでは教えてもらえない世界一やさしい習慣

□まずは実践、理論は後付けでOK

世界一やさしい習慣とは、ただ一つの行為です。この瞬間も私たちは考え、読み、書き、話し、聞いています。そこに**いい言葉を「選択する」だけ**です。

その結果起こり得ることを、リストアップしてみました。

・心は明るく朗らかに
・何事もよい方へ解釈するのでどんどん先に進む
・セルフイメージが変わる。自信が生まれる
・行動の質や気迫に違いが出るので成果が上がる
・意識や思考が陽転する。望む結果やセルフイメージを意識するようになる
・望む結果やセルフイメージを意識するので、望むことを実現しやすくなる
・人の美点を見るようになるので、人間関係に恵まれる
・良縁にも恵まれる
・行動が速くなり、ますますチャンスをつかめる体質になる
・昇進、キャリアアップ、昇給といった結果につながりやすくなる

これらを私は**「ビリヤード理論」**と呼んでいるのですが、どこから第1打が始まるかは人によって違います。
でも必ず末広がりに波及して仕事、プライベート、人間関係と幅広く人生のボールは確実に回りだすと信じています。

「世界一やさしい習慣」、つまり、いい言葉を選択する習慣を始めると、次々に素晴らしいことが形になり、どんどん人生は好転し始めますので、ぜひ気軽に活用してみてください。

今、感じること、素直な反応、気持ち、本音、直感を大事に、まずはとにかく実践してください。

大丈夫。必ず仕事に、プライベートに役立ちます！

コラム

「今日だけは」

皆さんの中にも感銘を受け、メモをしてしまったり、心に焼きついてしまった言葉ってありませんか？

本書のコラムでは、その中から、特に私が共感を覚えた言葉を紹介していきたいと思います。

『人を動かす』（創元社）で有名なデール・カーネギーの「How to stop worrying and start living」（邦題『道は開ける』）で紹介されている、シビル・F・パートリッジの「今日だけは」の抜粋です。読むだけで本当にホッとさせてくれる言葉です。

1. 今日だけは、幸福でいよう。リンカーンは「人々は自分が決めただけ幸福になれる」と言ったが全くその通りである
2. 今日だけは、家族も仕事も運も、あるがままに受け入れよう
3. 今日だけは、体に良いことをしよう
4. 今日だけは、思考を鍛えよう。良いことを学び取ろう
5. 今日だけは、心の訓練のために三つのことをしよう。誰かに気づかれないように親切にしよう

6.　今日だけは朗らかにいよう。できるだけの笑顔で、穏やかに話し、正しく、惜しげなく人を褒めよう
7.　今日だけは、今日一日を生きることに集中しよう
8.　今日だけは一日の計画をたてよう。計画通りにはいかないかもしれないがともかくやってみよう
9.　今日だけは、静かな時間を30分だけつくりだそう
10.　今日だけは、受け取ろう。幸福や美しいこと、愛することを受け取ろう

ある講演会で聞いて、とても驚いたことがあります。新しいことや習慣を始めるのは、1兆円企業が2兆円企業になるよりも、ものすごいことなんだそうです。

0を1にするってそれだけ大きなエネルギーなんですね。

ちょっとうれしくなりませんか？

でも、新しいことを始める前の、元の自分がかけてきた時間の方がはるかに長いもの。

「まあ、いいか」「この位なら大丈夫かな」と安易な方向に流れてしまうのが人間ですが、私はそんなとき、**「今日だけは、今日だけは」**とつぶやくようにしています。

すると不思議なことに「今日だけ」なら「OK」と思えてくるのです。

「やってみよう」という気持ちですらさえ、言葉にする、声に出すうちにそんな気持ちに不思議となってくるものです。

これが、**一瞬一秒の言葉の選択というもの**です。

この一瞬一秒に利息がつき、やがて振り返ったときには複利効果で大きく人生は変わっています。

CHAPTER 2

世界一やさしい習慣
理論編

言葉は脳への最強のエネルギー

このChapterでは、次のChapter 3の実践編に対し、主に理論について書いています。このChapterがスッとふに落ちると、楽しみながら言葉を使っていくことができます。しかしながら実践編を先に読んでいただいても結構です。理論はあとから理解が深まるくらいでも大丈夫だからです。

とにかく気楽に読み進んでください。

まずは大事なことなので、ここで脳について少しお話ししておきましょう。

進化の過程から考えると、私たちの脳は「新しい脳」と「古い脳」にわけることができます。

「新しい脳」には人類が650万年もかけて発達させてきた「大脳新皮質」と、哺乳類の脳ともいわれる「大脳辺縁系」があります。大脳新皮質の「前頭連合野」は思考、想像などの高度な精神活動を司り、大脳辺縁系は快、不快などの基本情動や感情を司る部位といわれます。

一方、「古い脳」は、生命誕生から25億年をかけて進化してきた部位です。呼吸細胞の代謝、ホルモンの分泌など生命活動をコントロールする「自律神経系」がこれに当たります。

私たちは、知識を増やしたり記憶力を高めるなどの行為をよく意識しますが、これはすなわち「新しい脳」の活用法に当たります。

しかし、**最良の結果を得られるかどうかは、じつは脳を〝爽快な状態〟に保ちつつ、いかにして「古い脳」の下意識、つまり「潜在意識」をコントロールしていくか**にかかっているのです。

そのためには、前述の「新しい脳」を使いながら、これら2つの脳を上手に連動させることが重要なのですが、**「言葉」はそのための最強ツール**であり、**最強のエネルギー**となり得るのです。

ですから、「言葉の力」を活用していくことは、こういった脳の使い方においても成功のわかれ目となるものなのです。

図① 脳の断面図

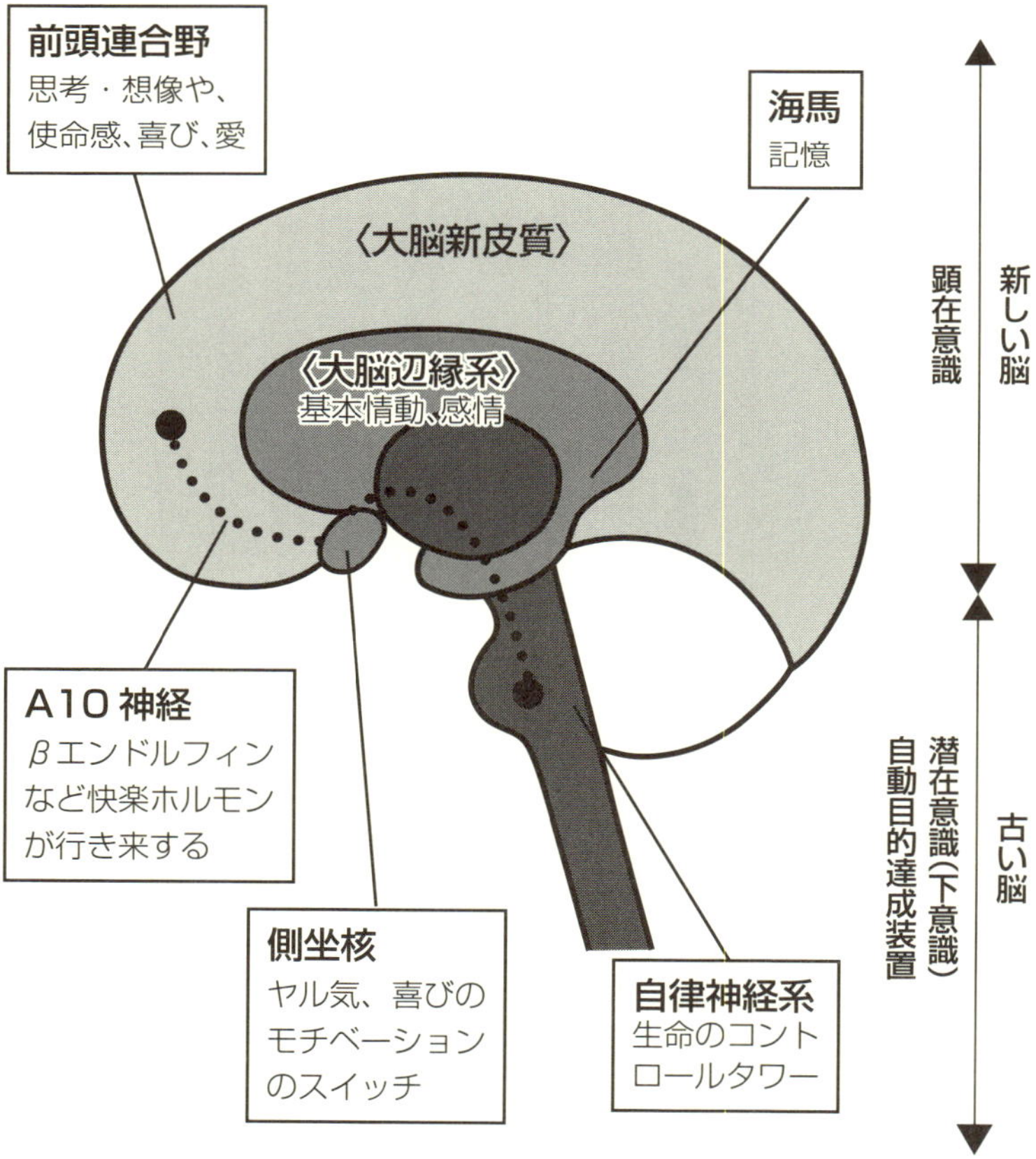

前頭連合野
思考・想像や、
使命感、喜び、愛
海馬
記憶
〈大脳新皮質〉
〈大脳辺縁系〉
基本情動、感情
新しい脳
顕在意識
A10神経
βエンドルフィン
など快楽ホルモン
が行き来する
側坐核
ヤル気、喜びの
モチベーション
のスイッチ
自律神経系
生命のコント
ロールタワー
古い脳
潜在意識(下意識)
自動目的達成装置

古い脳の25億年の威力

Chaptre 1では、人類は2000年の歴史の中で「言葉の力」を活用してきたことを説明しました。ところで、歴史的に見て、その結果はどうだったのでしょうか？

□はじめに、言葉があった。……すべてのものは、これによってできた（聖書）
□求めなさい、そうすれば与えられる（聖書）
□信じる者は救われる（聖書）
□人間はその想像力によって支配されている（ナポレオン・ボナパルト）
□人は心の中で考えたとおりの人間になる（ジェームズ・アレン）
□思いは原因であり、現実の人生は結果です（ジョセフ・マーフィー）

これらのすべての引用文は、押しなべて「言葉どおりのアウトプットが生まれる」ということをいっているのがわかります。

経験値として蓄積し、2000年の時の流れの中で、時代を超えて多くの人が、「言葉の力」をさまざまな方法で伝え、訴えてきているのです。

では、ここでもう少し理論的な裏づけをしていきましょう。

米国のマクセル・マルツ博士の「サイコサイバネティクス理論」をご存じでしょうか？　これは精神科医フロイトが証明した下意識（潜在意識）を、もう一段、自律神経系へと分解してわかりやすく説明している理論です。

サイコサイバネティクス理論は、数学者ノーバート・ウィナーやジョン・フォン・ノイマンによる自動制御学をベースにするもので、機械の自動制御と生物の神経系の間にある制御関係の類似性に注目しています。

マルツ博士は、下意識は自律神経系と無意識脳から構成される、インプットされた情報をアウトプットする「自動目的達成装置」であると説明しています。

少し難しいかもしれませんが、ここで私が皆さんに伝えたいのは、単に**「自律神経系の特徴と下意識のパワーの大きさ」について**です。

自律神経系の面白い特徴

私たちは、24時間365日休みなく動いている自律神経系を、普段意識することはありませんし、これは生命維持のコントロールタワーでもありますから意思で動かすことはできません。

この自律神経系には「急所」といえる大きな特徴があります。ここで一緒に体験してみましょう。

・体験1「酸っぱいレモンや梅干を想像してみてください」

いかがでしょうか？　実際に梅干やレモンはないのに唾液が出てきたり、酸っぱさを感じて、ドキドキしませんか？

・体験2「大好きな映画のストーリーを思い浮かべてください」

例えば、『E.T.』のようなSFストーリーを思い浮かべたとしましょう。架空のストーリーなのに涙が出てくることもあります。

・体験3「明日は好きな場所へ行くことができます。想像してみましょう」

青い海の波の音、山の冷たい川の水、成田エクスプレスのスピード感と車窓の風景、緑の中のカフェで聞く虫の声、街の光が揺れるシンガポールの夜、など想像するだけで心拍数が高まることもあります。

このように、**自律神経系の興味深い特徴は、意思ではコントロールできませんが想像したことに忠実に反応すること**です。

面白いことに、事実か想像か、はたまた人称、時制などは全く関係ありません。**すべて事実、自分のこと、自分に起きていることとして反応し、想像したことも体験、成功体験として記憶の脳に伝えていく**のです。

じつは、ここが「言葉の力」の活用上の大きなポイントとなります。

下意識の驚異のパワー

皆さんも**下意識（潜在意識）には無限の力が眠る**、と一度は耳にしたことがあるのではないでしょうか。

しかし、下意識を目で見ることはできません。それでは無限の力とはどれほどのことをいうのでしょうか。私自身もこういう話だけでは下意識について納得できない者の一人でした。

顕在意識と比較すると、言葉などの情報に対する下意識の信号速度は８００倍、情報伝達単位は20億倍といわれています。顕在意識と下意識を合わせた全体を１００％とした場合、下意識の知覚と行動を支配する割合は何と96～98％にまで達すると学説ではいわれているくらいなのです。

顕在意識、つまり「新しい脳」が使われている割合は、通常いわれている通りたった４％でしかない、というのはこのことを指しています。

この数値ならば、「無限の力」についてのスケール感をつかめるのではないでしょうか。

また、下意識にはもう一つ特徴があります。それは言葉の「音の力」も下意識に強く影響するということ。想像体験と音をセットにすると、生きる上で大きな力を発揮することがわかっています。

前述した通り、下意識はより原始的な脳、「古い脳」が司っています。例えば、「古い脳」しかもっていないカエルなどの場合、視覚情報と聴覚情報など多くの五感を使っている方が、意図的に聴覚情報を遮断してしまったカエルより生存維持の確率がかなり高くなることが、ある実験結果でわかっているくらいです。

私たち人間の脳の一部も「古い脳」であることを考えると、この点は非常に重要になってきます。

以上の特徴を踏まえると、本項目のポイントが見えてきますが、ともかくにも次の３つに集約されます。

まとめ

- **下意識の圧倒的なパワーを数字で把握し、常に意識する**
- **想像してしまえばそれは成功体験になるので、望ましい状況だけを考える**
- **言葉は必ず音に、すなわち声に出すようにする**

なぜスティーブ・ジョブズは渾身のプレゼンテーションをするのか？

アップルコンピューター社ＣＥＯのスティーブ・ジョブズのプレゼンテーションについては、映像がYou Tubeにたくさんアップされていますし、関連の本もたくさん出ています。情熱、パッション、ビジョンやミッションが、ほとばしるかのごとく伝わってきます。

そして、知らずに涙がこぼれてくるほど感動するものすらあります。

ところで、どうして彼はここまで全身全霊でプレゼンテーションをするのでしょう？

また、一般的な企業でも、事業計画発表会や、事業部や部門での四半期や半期の決起ミーティングなどをわざわざ行うのはどうしてでしょう？

それは、**人は計画や目標、数字だけでは動かない生き物だから**です。

もし、計画や目標、数字だけで人が動くのなら、こんなに楽なことはありません。

モントリオールのマギル大学ビジネススクール教授、ヘンリー・ミンツバーグ博士は、『H・ミンツバーグ経営論』(DIAMONDハーバード・ビジネス・レビュー)の中で、**組織の効果的な経営には、目標計画などの理屈以上のものが必要である**ことを述べています。

博士がインタビューした成功者達は、効果的なコミュニケーションの手段として、書類ではなく、相手の表情や目を見ながら話す**「言葉によるコミュニケーション」を強く好んだ**そうです。

企業のトップやCEOたちがインタビュー対象ですから、日々のスケジュールは多忙で、もし効率化しようとすれば、メールやスタッフを介してでも部下とのコミュニケーションは可能なはずです。それでも、彼らは直接会って言葉で伝える方を好んでいるのです。

それは、**理屈や論理を超えた、感情や情熱というものが、人を動かすのに重要なメッセージを伝えるもの**だからです。

あるオーケストラのリハーサルを私は見学したことがありますが、驚いたのはリハーサルの指揮者と本番の指揮者では、音が「月とスッポン」というくらいに違ったことです。

やはり、楽譜だけでオーケストラが最高の演奏をするのなら指揮者はいらないということです。指揮者が気迫を込めて情熱を演奏家に伝えるから、オーケストラが最高の音を奏でるのではないでしょうか？

それは、**仕事における一人ひとりの人間もまったく同じこと、**ではないでしょうか。

基本的には計画、目標、数字だけでは、人は動きません。

これは、「やらねばならぬ」という、**「ストレスフルなモチベーション」**に陥りやすいことにも着目すべきでしょう。

しかし、仕事や現場ではそんなことはいっていられないとも思います。

嫌でも嫌でなくとも、同じ仕事をするとして、その際「喜びのモチベーション」に変えるスイッチのようなものがあるとしたら……。

その願いを解決するのが大脳新皮質にある「ヤル気のスイッチ」と呼ばれる**「側《そく》坐《ざ》核《かく》」**です。

さらにそのスイッチを入れるのが「想像体験」なのです。

では実際、どのようにヤル気のスイッチを入れたらいいのでしょうか？

その方法の一つは、人間は目で見たものに足が動くという性質を活用することです。ただ思考するより、具体的に映像化できた状態は、**動物にとって「獲物が見えた状態」を指します**。

これは進化の過程で獲得した遺伝子の記憶に関係するそうですが、いったん獲物が見えたら、動物は生存をかけて無意識に足が動くのだそうです。

もう一つは、「リアルな感触」を大事にすることです。本書を例にすると、Chapter 1 の24ページで述べている、「愛、お金、仕事、成果」の現実感とリアルな感触に何かがつき動かされた、という箇所です。**人は手に届きそうなリアル感に対してようやく〝つき動かされる〟のです。**

ところで、「喜びのモチベーション」が大事だからといって、初めからそういった高い次元を目指す必要や高い次元の別の目標を見つける必要はありません。今の、等身大の、自分の願いや目標で十分です。

というのも、一度「側坐核」のスイッチが入ると、脳内ではβエンドルフィンなどの快楽ホルモンが分泌されるからです。

この快楽ホルモンが脳内の「A10神経」を通り、使命感や喜びを司る前頭連合野へと伝わっていきます。すると、人は同じ願いや目標などであっても使命感や喜びの次元でそれらをとらえ、自分のため以上に、人のため社会のために行動するようになるからです。

偉業を成し遂げる人というのは、こうした高い次元で行動できる人がほとんどですが、その状態を意識的につくることは、じつは**誰にでもできること**なのです。

例えば、目標なども次のように映像化し、リアルな感触をつかんで想像体験にしていきます。

例……目標　今期営業売上目標1億円の場合

×ノートに「1億円目標達成！」と書く、心に「やらねばならぬ」と誓う→「ストレスフルなモチベーション」になりやすい

○想像体験　目標が達成された前提で映像化、感触化したビジョンを描く→商

品・サービスをお客さまに喜んでいただき、支えてくださった上司、同僚やスタッフにも心から「ありがとうございます」と伝えている。「やりきった、うれしい」という充実感あふれる気持ちを映像化しリアルな感触でビジョンにする。↓「側坐核」のスイッチが入り、「喜びのモチベーション」が生まれる

成功への実現はここがスタートになります。

仕事には目標、数字や計画が必須でしょうが、それはきっちり押さえた上で**大事なことは、こういった想像体験を加えること**なのです。

スティーブ・ジョブズも、ビジョンにして全身で伝えるから、社員や聞き手の「側坐核」を押すことができるのです。皆さんも、大事な自分の人生なのですから「こういうことをやりたい！」「これが欲しい！」「こうなりたい！」と、少しでも熱く、まずは自分に伝えてみませんか？

まとめ

・人は数字、目標、計画では動きません。ですからビジョンにして伝えましょう！
・すると喜びのモチベーションの「側坐核」のスイッチが入ります
・想像体験は、「リアルな感触」を大切にするよう心がける

金メダルと銀メダルをわけるもの

「セルフイメージ」とは、自己像または心に映る自分の姿のことです。人はセルフイメージ通りの行動をするので、面白いことにその通りの結果が表れます。

セルフイメージ法のパイオニアは、米国コロンビア大学で教鞭をとった心理学者のプレスコット・レッキーです。彼によると、学生がある学科を苦手とするのは、それを学ぶことが「本人が思うセルフイメージと一致しない」からだそうです。

そこで、彼は生徒達のセルフイメージを変えることで、その学科に対する学習態度を変えようと試みました。すると、国語の成績が悪かった男子学生が、翌年文学賞を受賞し、語学の単位を4度も落とした女子学生は、優秀な成績を収める

ようになるまで変化をしたそうです。

セルフイメージから変わることができると、行動が変わり、その後の結果も連動して表れるのが興味深い特徴といえます。

また、オリンピックのライフル射撃の金メダリスト、ラニー・バッシャムは、「自分は金メダルにふさわしい」というセルフイメージをもつことで、金メダルを本当に獲得しました。

1972年のミュンヘンオリンピックで銀メダルを獲得した彼は、金メダルを目指すためにある行動を始めます。彼は「あなたが金メダルに手が届いた、ほかの選手と違った理由は何でしょうか？」と、2年間、1日平均5時間かけて金メダリストたちに直接インタビューしたのです。

彼は次の1976年モントリオールでのオリンピックで見事金メダルを獲得するのですが、彼によると金メダリストの金メダル獲得とそれ以前との違いは「精神面が変わっただけ」だったそうです。

その**原動力となったのは「私は金メダルにふさわしい」というセルフイメージだった**のです。

そのメカニズムを彼は次のように説明しています。

「意識（顕在意識）、下意識（潜在意識）に加えて、セルフイメージが必要」であると。

さらに彼いわく「人間はこの三つのバランスが取れた『トライアード状態』にあると最高の実力を発揮できる」のだそうです。

これを潜水艦に例えていうなら、意識は潜望鏡、下意識はエンジン、セルフイメージがスロットルに相当し、意識で定めた目標に、**下意識のパワーをもって近づくためには、「私はその目標にふさわしい」という自信、行動と習慣が欠かせない**のだそうです。

さらに**彼は「意識と下意識だけでは金メダルに届かなかった。セルフイメージが加わって金メダルに手が届いた」ともはっきり述べています。**

ここまでで「セルフイメージ」が理解できたでしょうか？

正直、まだピンとこない方も多いのではないでしょうか。

最大のヒントは、**今「あなたが表現しているのがあなたです」ということ。**

考えていること、心や体の状態、今、行動していること、もっているもの、さらには、容姿や体力への自信を含めた健康、仕事、異性、家庭、社会、経済、余暇への考え方や価値観もここに入ります。これらすべてがセルフイメージを表現しているのです。

一言でいってしまうと**「思い込み」の総称**とも呼べます。

しかし、たかが思い込み、されど思い込みなのです。

はっきり言うと、セルフイメージを変えるには、それ相応の気合と情熱が必要です。

なぜならば、およそ96%を占める下意識で、着実に起きている変化を私たちは基本的に意識できないため、変化を継続させるには工夫がいるからです。ここで基本的にと申し上げたのには理由があります。

それは、一つだけ例外があることです。

下意識の項目で紹介したマルツ博士は、心理学者になる前は、整形外科医でした。このときに、美容整形手術後、大きく人生を好転させた人とそうでない人がいることに彼は気づきました。

結局**その違いは、たった一つ、「私の容姿は変わった」と思い込んだかどうか**

だったのです。プチ整形をしただけでも、「私の容姿は変わった」と思い込んだ人は大きく人生を好転させ、「少しも変わらなかった」と思い込んだ人は、人生を変えることができなかったのです。

「思い込み」をさらにわかりやすく表現すると、**「カン違い」**という言葉で表せるのではないでしょうか。

結局、**カン違いも想像の産物です**。カン違いとは想像が「側坐核」のヤル気、すなわち「喜びのモチベーション」のスイッチを押した状態です。

さらに別の表現で言うならば、ピッタリくる言葉は「信じる者は救われる」でしょうか。

「自信」にしても、とどのつまりカン違いからくるのです。

しかし、このカン違いの力が働くと、山の頂上から石を転がすような勢いが生まれます。

ですから、上手にカン違いできる人ほど、驚くようなスピードでセルフイメージを変えることができます。

これが、先ほど申し上げた「例外」です。


成功への入り口はカン違いでいいなんて、少し驚かれましたか？

しかし、以前ウィーン国立歌劇場音楽監督の小澤征爾氏がテレビのインタビューで答えていましたが、その内容が私にはとっても印象的でした。

「最初から、クラシック音楽を聴くことはなくて、鼻歌程度から入っていけばいいんですよ」と同氏はいっていたのです。

結局セルフイメージもこれと同じなのです。


ほとんどの方が、今までの家族や友人からの評価をセルフイメージにしている場合が多いと思います。まじめな方ほど、新しいセルフイメージをつくるときには遠慮してしまいがちです。

でも、もし今のセルフイメージに不一致を感じる、もっと変化が欲しい、なりたい自分になりたいと思ったら、必ずそれは変えることができます。

なぜならセルフイメージは自分が選択するものだからです。

特に、カン違いのコツをつかむと、ドミノ倒しのように変わっていきます。そうしてセルフイメージをリセットし、人生を好転させた方を私は数多く見てきましたが、「人生には何が起こるかわからない」と心から感心させられてしまう方ばかりでした。

その方たちに共通することは**本音で、まるで遠慮せず、なりたい自分そのままを、新しいセルフイメージとして選択していた**ことです。

新しい人生が「カン違い」で始まるのなら本当にもうけものだと思いませんか？

まとめ

・セルフイメージとは、今、自分が表現している自分のこと
・セルフイメージが、金メダルと銀メダルの違いを生む
・成功へのスタートはカン違いでもいい

決め手は心の「快」

「言葉の力」を、話し、書き、聞き、読む言葉に〝どのように活用していくか〟

がイメージできたでしょうか？　次の実践編に進む前に、ここで見落とされがちな前提条件にも触れておきたいと思います。

想像体験が、「側坐核」のスイッチを押して、下意識に伝わるには大事な前提条件があるのです。

それは、**心が「快」の状態にあること**です。

言い換えると、大脳辺縁系が不安・緊張・ストレスのない、つまり「爽快」な状態にあることです。

また、万が一失敗や不安など「マイナス」のことを考え、想像した場合に起こることにも気をつけなければなりません。

下意識は、望むことなど「プラス」の思考や想像に対しては、心を「快」の状態に整え、映像化、感触化、想像体験化して、側坐核のスイッチが入ったところでようやく作動します。

ところが、「マイナス」の思考や想像に対しては、心が「快」か「不快」にかかわらず、想像体験化しなくても作動してしまうのです。ここは見落とされがちな、本当に注意しなくてはならないポイントです。

次ページの図でもう少し整理していきましょう。縦軸はプラス、マイナス、横軸は心の「快」「不快」を表しています。

普段、皆さんはどのゾーンにいることが多いでしょうか？

ドキっとされた方もいるでしょう。でも、大丈夫です。本書では、ゾーン①の状態をつくり、習慣化する具体的な方法を示していくからです。

その前に、脳にも体にも悪いことから考えてみましょう。

それは「ストレス」です。ストレスはストレス耐性をつくるという意味ではプラスな面も確かにあります。

しかし、一定の年代に入ると、免疫力の低下が顕著となるのでプラスになることはほとんどありません。脳細胞を結ぶニューロンの結び目になるシナプスのネットワークもストレスには弱く、簡単に崩れてしまいます。

また、病気と名のつく状態の約70％以上はストレスが原因であるといわれています。

図② 下意識が置かれているゾーン区分

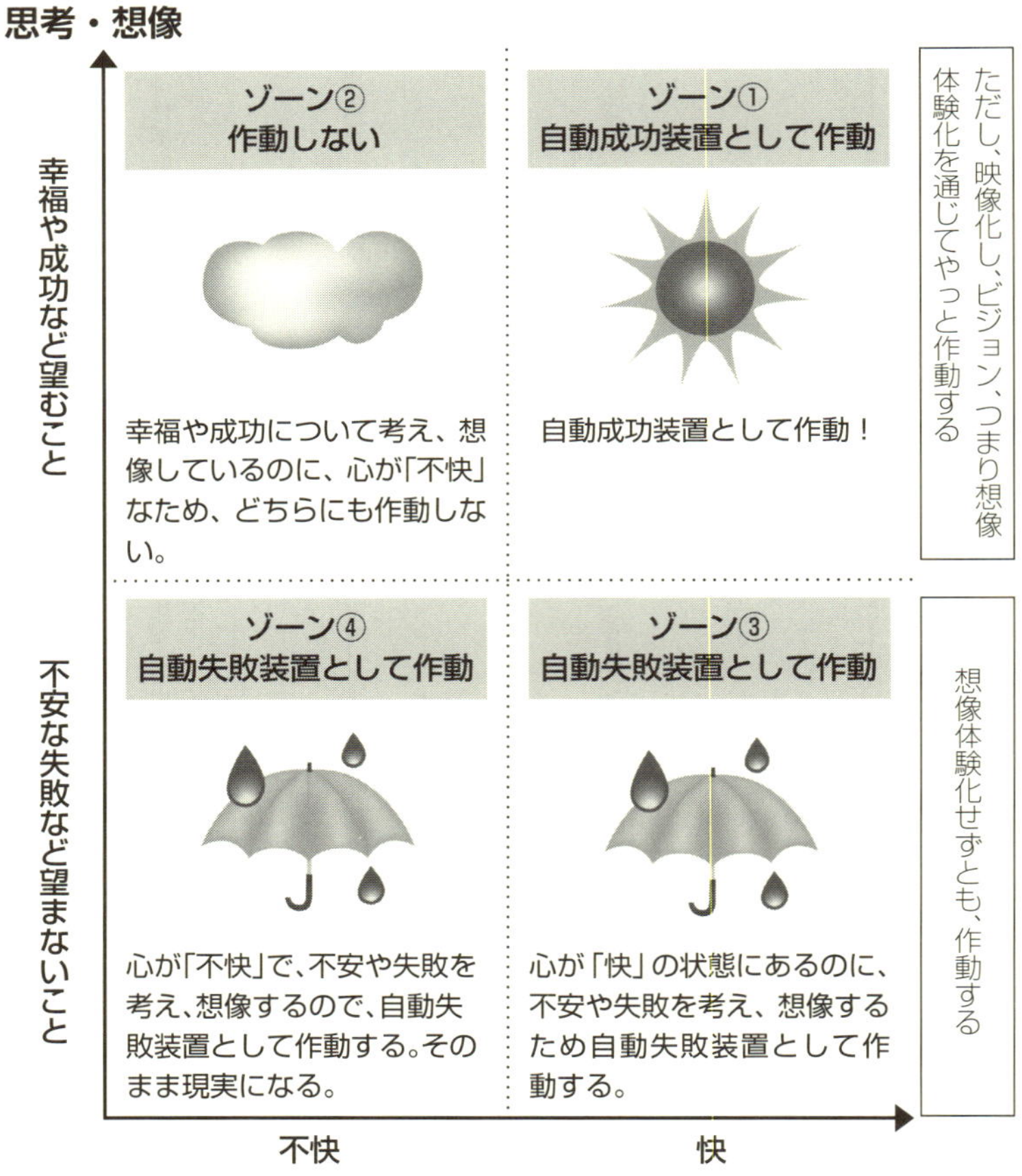

思考・想像
幸福や成功など望むこと
不安な失敗など望まないこと
ゾーン②
作動しない
幸福や成功について考え、想像しているのに、心が「不快」なため、どちらにも作動しない。
ゾーン①
自動成功装置として作動
自動成功装置として作動！
ただし、映像化し、ビジョン、つまり想像体験化を通じてやっと作動する
ゾーン④
自動失敗装置として作動
心が「不快」で、不安や失敗を考え、想像するので、自動失敗装置として作動する。そのまま現実になる。
ゾーン③
自動失敗装置として作動
心が「快」の状態にあるのに、不安や失敗を考え、想像するため自動失敗装置として作動する。
想像体験化せずとも、作動する
不快
快

では、ストレスをうまく解消し、心を「快」の状態に保つにはどうしたらよいでしょうか？　その秘密は「快楽ホルモン」にあります。こんな時は、快楽ホルモンが分泌される状態をつくり出すことがとても重要になります。

快楽ホルモンが分泌される状態をつくり出すよう習慣化する方法は2つあります。

一つは、言葉が感じさせるイメージや感情が快楽ホルモンを生み出すことに着目し、そうした言葉を使って話したり、書いたりすることです。

特に愛、寛大さ、優しさ、楽しさ、親しみ、新鮮さ、大きさを感じさせる言葉こそが心を「快」に導く言葉の代表例です。

快楽ホルモンの代表格にはβエンドルフィンが挙げられますが、運動や感動体験などごく普通に分泌されるβエンドルフィンでもモルヒネの約150倍の鎮痛効果があるといわれています。

そして、**他人に美点を伝えたり、「ありがとう」に代表されるような感謝や愛、喜びの感情を感じているときの脳は、モルヒネの約500倍の鎮痛効果を示す**そうです。

効果にかかわらず、人の美点を発見し、感謝、愛、喜びを感じることは本当に気持ちのよいものですから積極的に取り入れていきたいものです。

ウィーン生まれのカナダの内分泌学者、ハンス・セリエ博士は、(晴れた日だけに時を刻む)日時計をマネて、「楽しい日だけを数えよう」と、子供のころ、オーストリアの婦人から学んだ教訓を大事にしていました。

普段からよいことに意識を向けることの大事さを、内分泌学者としてわかっていたのでしょう。

もう一つは、「解釈」に言葉の力を使っていくことです。

ストレスが加わった同じ事象に対し、「嫌だな」と解釈した場合と、「いいな」と解釈した場合とでは、ホルモンの分泌に違いが出るそうです。

「嫌だな」と解釈すると、毒性の高いノルアドレナリンと、またさらに毒性の高い活性酸素が分泌されます。一方、「いいな」と解釈すると、βエンドルフィンが分泌されるそうです。思考を短期間に変えることは難しいことですが、「これでいいのだ!」のようなとっさの一言が、心をプラスの状態にシフトしてくれるということです。

この一言をどんな場面でも継続して使うことで、必ずや皆さんを助けるいい習慣となっていくことでしょう。

また、健康は機械や工場でつくることもできませんし、値段をつけることもできません。仕事をしていく上だけでなく、生きていくのに何より大事なことは健康です。ストレスを積み重ねることは、借金通帳に残高をためていくようなもの。

加齢や免疫力が落ちたときに、返済をする必要に迫られるかもしれません。でも、そのときにお金で健康を買うことはできません。本当に健康であることこそ、生きていく上では幸せなことだと私は思います。健康貯金を増やすような一瞬一秒を積み重ねるこれらいい言葉の習慣こそが、きっと皆さんの価値ある財産となることでしょう。

まとめ

- 心が「快」の状態でないと下意識は働かない
- 心の「快」は、言葉でつくることができる
- とにもかくにも、健康こそが幸せそのもの

本音と言葉が一致すればどうなる？

少し難しかったかもしれませんが、ここまで読み進めていただけたでしょうか？　皆さんに伝えたかったのは「こうなりたい！」「これをやりたい！」「これが欲しい！」など「本当に望むこと」、つまり**本音と言葉が一致するほど人はその通り幸せになっていく**、ということです。

また、「言葉の力」によって皆さんを取り巻く状況が「なぜそうなるのか」について、理解してもらえたでしょうか？　ここで簡単におさらいをしておきましょう。

□自律神経系は事実と想像の区別がつかないので、想像したことも成功体験として記憶の脳に伝えていく

□映像化、感触化した想像体験が、「側坐核」のスイッチを押して、下意識に伝わる。この際、言葉の音とセットで働きかけるようにするとよい

□「セルフイメージ」をつくるコツは「側坐核」のスイッチを押すほどの「カン

違い」にある

□顕在意識と下意識合わせた全体を100とした場合、下意識の知覚と行動を支配する割合は96～98％にまで達する

□愛や感謝の言葉は心に「快」の状態をつくり、それを整える。心が「快」の状態にあるときに、下意識の力が働く

さらにつけ加えると、「古い脳」は、生命維持の目的で本来発達してきた脳ですから、生存を脅かすような**マイナス要因に反応する**ように発達してきました。

これに対し「新しい脳」である心や感情を司る大脳辺縁系はプラスにもマイナスにも動きます。ボールのように、一度向けられた方向にどんどん転がりだす傾向があり、常に〝揺らぐ〟性質を持っているのです。失敗経験や嫌なことを考えていると止まらなくなって、嫌な気分になるのはこのためです。

しかし、「新しい脳」に含まれる大脳新皮質の前頭連合野には愛、喜び、使命などを司り、プラスへと導こうとする力があります。ですから、人間だけが持つ「言葉の力」を使って、前頭連合野で行われる思考や想像に関する働きをどれだけプラスにもっていけるかが、幸福や成功への大きな鍵を握っているといえます。

こうしてみると、人間には本当に不思議な仕組みがあると思います。

心はゆらゆらと揺らぎやすいのにもかかわらず、皆さんが信じ切ってしまえば前頭連合野が最高の実力を発揮して「側坐核」のスイッチを押し、下意識が火事場のばか力を発揮する――。

ではその「信じ切る気持ち」は何から形成されているかというと、目には見えない「カン違い」や「思い込み」でもいいということなのですから。

これが人間の面白いところではないかと思います。

コラム

聖書の言葉

聖書は隠れたベストセラーなのだそうですが、その内容は問題解決、人間関係、勇気を与える言葉の宝庫で、実生活に役立つものがたくさんあります。

「もっと早く知りたかった」と感じた言葉の中から、イチオシのものをここでは選んでみました。

□はじめに、言葉があった。
言葉は神とともにあった。言葉は神であった。
すべてのものは、これによってできた。
できたもののうち、ひとつとしてこれによらないものはなかった。

□求めなさい。そうすれば与えられる。
探しなさい。そうすれば見つかる。
門をたたきなさい。そうすれば開かれる。

□祈り求めたものは、既に得られたと信じなさい。

□あなた方の父なる神は、あなた方がお願いする先に、あなた方に必要なものを知っておられるからです。

□与えなさい。そうすれば、あなた方にも与えられる。

□だから、人にしてもらいたいと思うことは何でも、あなた方も人にしなさい。
これこそ律法と預言者である。

□人を裁くな。あなた方も裁かれないようにするためである。
赦しなさい。そうすれば、あなた方も赦される。

□明日のことは思い悩むな。明日のことは明日自らが思い悩むのだから。

アーク森ビル「カラヤン広場」の滝に、創業者の森泰吉郎氏の座右の銘が刻まれた石碑があります。

「然《しか》のみならず、患難をも喜ぶ。患難は忍耐を生じ、忍耐は練達を生じ、練達は希望を生ずと知ればなり」

『東方見聞録』を書いたマルコ・ポーロも、大航海の旅に出たバスコ・ダ・ガマも、メイフラワー号で大西洋を渡った清教徒も同じ言葉に励まされていたのではないか、などと考えると聖書を見る目もちょっと変わってきます。

こういった視点で読むと、聖書ももっと楽しく読めると思います。

CHAPTER 3

世界一優しい習慣 実践編

言葉 × 行動＝無敵のビジネスパーソン

運は言葉で変えられる

Chapter 2 では「本音と言葉が一致するほど幸せになれる」ということを書きました。

このChapterでは、さらに行動までが一致している人、すなわち、最強のビジネスパーソンが普段どのように言葉を役立てているのかを具体的に紹介していきたいと思います。

ところで、「運」ほどよく語られる言葉はないと思うですが、皆さんはどのように運をとらえていますか？　例えば、天体の動きを基にする四柱推命を参考にする方は経営者や政治家の中にも多いと聞きます。数千年のデータに裏づけられた統計ですから、とても価値あるものだと思います。でも、そういうものをまったく気にしない方もいます。

運命は星の動きだけでつくられるのでしょうか？　とすると、同じ時間に同じ場所で生まれたら同じ運命をたどるのでしょうか？

私は多くの方と接し、また自身の体験なども考え合わせた結果、そこには個人の「器」というものも、大きく関係するのではないかと思っています。

例えば、運気絶好調の時期でも、運気にふさわしい器がなければ、エネルギーをすべて受け止めることはできないでしょう。逆に、運気がそれほどよくなくとも、器が大きければ、トラブルを乗り越えることもできるはずです。

ここで器を船に例えてみましょう。天候や風のよい日和でも、船が小さければ遠くまで進むことはできません。でも、フル装備の大きな船なら、多少風が吹いても、遠い目的地まで航海を進めることができるはずです。


では、どうしたら器を大きくしていくことができるのでしょう？


その方法の一つが「言葉の力」を使うことなのです。普段、読み書き聞き話す言葉によって器を形成していくことは可能です。

つまり、人は使う言葉の質や格などを意識的に選択し、高めることによってその人自身の器を大きくすることもできるのです。

そうはいっても、と思う方にも理解していただけるよう説明しましょう。

ここではわかりやすく、Aさん、Bさんを例にしていきましょう。Aさんは「明るい朝、愛、感謝、喜び、未来、希望、意気揚々、パッション、ビジョン、ミッション」など、エネルギーがわいてくる言葉を普段から使っています。

一方、Bさんは「ツライ朝、憎しみ、恨み、怒り、過去、後悔、意気消沈、気が重い、目先、とりあえず」といったような、聞いているだけで、体からエネルギーが抜けてしまう言葉を使っています。

まず、皆さんがお友達になりたいと思うのはどちらでしょうか?

また、一緒にプロジェクトを組んだり、仕事をしてみたいと思うのはどちらでしょうか? 文句なくAさんではないでしょうか。

虫ですら明るい光が好きなのです。エネルギーあふれる言葉と雰囲気に、誰だって寄っていきたくなるものです。

しかし、言葉の本当の威力と恐ろしさはここから先にあります。

次に、あるお客さまから少し無理なリクエストを受けた場合の、AさんとBさんの対応の違いを例にしてみましょう。

Aさんは、「これでいいのだ！」と元気な言葉をまず口にして、心のボールを、無意識にプラスの方向に投げていきます。すると、「こんなリクエストをいただけるのも、自社を選んでご契約くださったからだ、ありがたい」と無理な要求をしているお客さまに感謝し、お客様の立場になって解決方法を考え始めます。

社内できちんとコミュニケーションを取って、要求以上の「期待に応えるサービス」を提供し、結果どんどん「幸運のスパイラル」がつながっていきます。

一方、Bさんの口から出る第一声は「またか……」とかなり後向きです。心のボールはどんどんマイナスに転がりだし、しまいには止まらなくなります。揚句の果てには、一人で妄想に近い「堂々巡り」をし、何も進まなくなってしまいます。

もし、皆さんがお客さまなら、どちらのスタッフから商品を買いたいでしょうか？　もし上司なら新設部署のリーダーにどちらを抜擢したいですか？　いうまでもなくAさんではないでしょうか。

図③ AさんとBさんの言葉遣いの違いと開運度の差

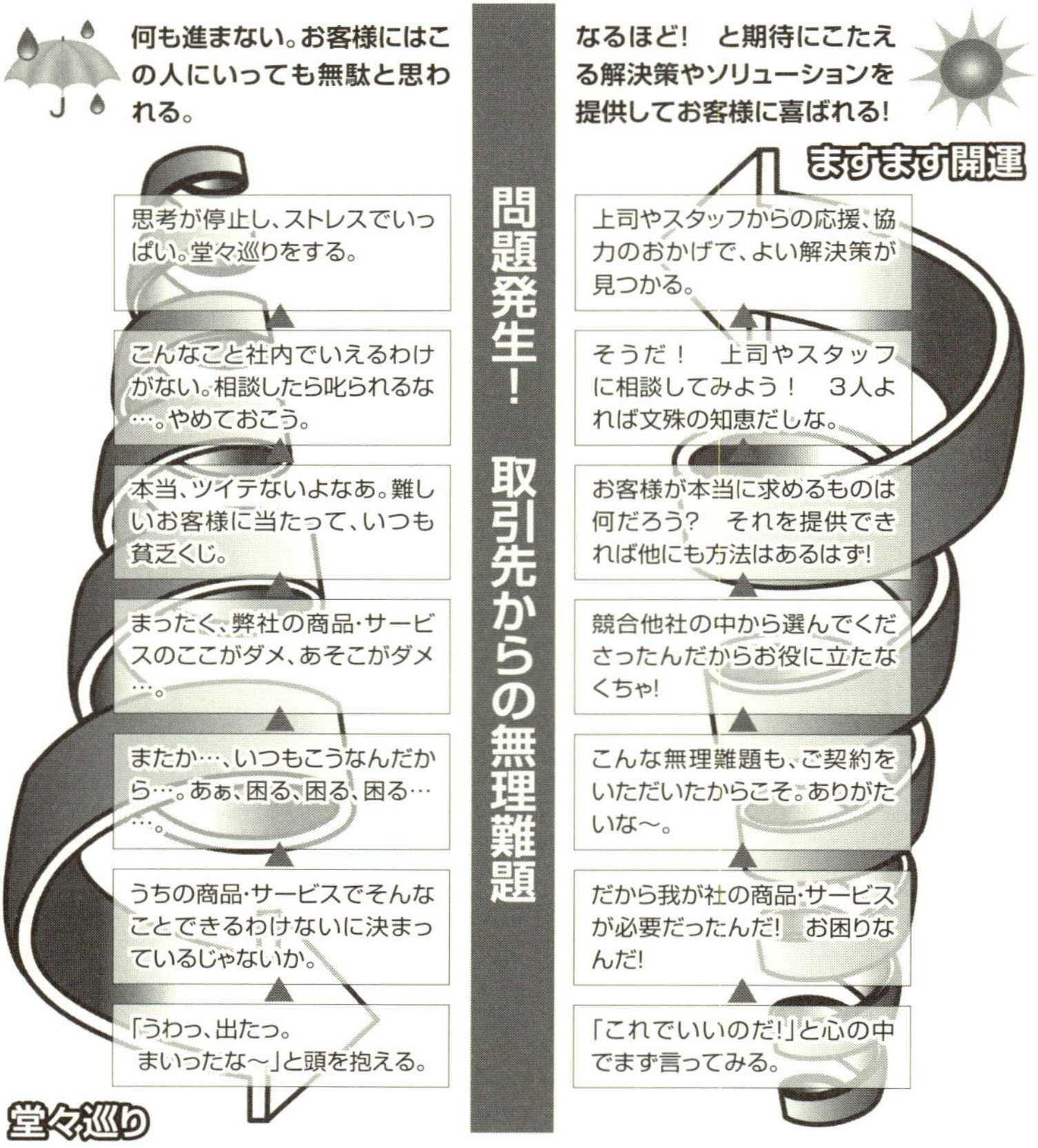
何も進まない。お客様にはこの人にいっても無駄と思われる。
思考が停止し、ストレスでいっぱい。堂々巡りをする。
こんなこと社内でいえるわけがない。相談したら叱られるな…。やめておこう。
本当、ツイテないよなあ。難しいお客様に当たって、いつも貧乏くじ。
まったく、弊社の商品・サービスのここがダメ、あそこがダメ…。
またか…、いつもこうなんだから…。あぁ、困る、困る、困る……。
うちの商品・サービスでそんなことできるわけないに決まっているじゃないか。
「うわっ、出たっ。まいったな～」と頭を抱える。
堂々巡り
問題発生！ 取引先からの無理難題
なるほど！ と期待にこたえる解決策やソリューションを提供してお客様に喜ばれる！
ますます開運
上司やスタッフからの応援、協力のおかげで、よい解決策が見つかる。
そうだ！ 上司やスタッフに相談してみよう！ 3人よれば文殊の知恵だしな。
お客様が本当に求めるものは何だろう？ それを提供できれば他にも方法はあるはず！
競合他社の中から選んでくださったんだからお役に立たなくちゃ！
こんな無理難題も、ご契約をいただいたからこそ。ありがたいな～。
だから我が社の商品・サービスが必要だったんだ！ お困りなんだ！
「これでいいのだ！」と心の中でまず言ってみる。

たった一言でこんなに変わる！

私は仕事とは、いわばスキーのようなものだと思っています。それはつまり次々と「こぶ」を越えるようなもの。

にもかかわらず、いちいち堂々巡りをしてイジけてしまうBさんであれば、お客さまや管理職の立場から見るとお話になりません。

一方、Aさんのように、こぶをこぶとも思わず、スキーのように楽しんでしまうような人材なら、安心して何でも任せられるはずです。

では、AさんとBさんの違いはどこから生まれるのでしょう?

育った環境、家庭、学校など先天的な環境も大きく影響します。

しかし、皆さんが思う以上に、それぞれに大きな影響を与えているのは、**普段使う言葉の「質」や「格」、つまりは「言語習慣」によるものが大**なのです。

人間は毎分毎秒、読み書き聞き話し、思考を繰り返しています。この**普段使う言葉によって思考のパターンがつくられ、そのパターンが心のボールを投げる第一声や反応のパターンの多くを決めてしまう**のです。

これがひいてはその人自身の「器」となってしまいます。つまり、「思考と反応のパターン」のことです。また、器は「格」ということもできます。

つまり、**普段何気なく使っている言葉が、器をつくり、引いては「人格、風格、品格」にまでつながっていく、いや、つながってしまう**のです。

ですから、普段使う言葉、読み書き聞き話す語彙を意識的に選択していくことを心からお勧めしたいと思います。成功者にテレビ番組、ニュース、新聞記事を〝セレクティブ〟に、つまり選んで見聞きする方や、目標とする人が読む本や雑誌を、率先して読む方が多いのはこのためなのです。

成功者の語彙はおしなべて豊富です。また、その格も一級品です。

例えば、オバマ大統領の演説は、大統領にふさわしい言葉で構成されています。もちろん、大統領にふさわしくない言葉は一つもありません。もし、機会があったら、こうした一流の方の演説のスクリプトや、書籍をじっくりと読んでみるといいと思います。

まさに**言葉は、人間の「器」を表し、ひいては「人格、風格、品格」そのもの**であることがわかることでしょう。

結局、運は自分の器や格がつくります。つまり、**普段何気なく使う言葉によってつくられる**のです。松下幸之助氏が、「運のいい人」を登用した話は有名です。つまりは先ほどのAさんのことです。Aさんになりたいか、Bさんになりたいか、**運のいい人になりたいか、そうでない人でよいかは、皆さんが言葉を選択することによって選ぶことができる**のです

言葉をもっと意識したら、運気アップにも磨きがかかることでしょう。

まずは、朝の第一声で心のボールを投げてみませんか？

唱えてみよう

「今日もいい一日になるぞ」

「ツイてるツイてる」

「Happy Go Lucky！」

「成果」という木を育てる肥沃な大地をつくるのは「感謝」の気持ち

「感謝」が大事、と聞いて「そうだよね」と思わない方はあまりいないのではないのでしょうか。

「感謝」、そして「ありがとう」は本当にいい言葉です。こうして目に触れるだけでも温かいものがあふれ出る気がします。

あるドイツの音響研究所で、言葉のエネルギーの強さをランダムに調べたところ、日本語の「ありがとう」が最高レベルだったと聞いたことがあります。

でも、忙しく飛び回っていると、感謝という言葉すら忘れてしまうこともあるでしょう。また、「今の私に感謝しろなんて、優等生みたいなこといわないで！」というときもあるのではないでしょうか？

しかし、無理に何かに感謝をしなくとも構わないのです。

なぜなら、感謝はまず、誰の心にも「ある」ものですから。

顕在意識は一度に一つのことしか考えることができませんし、**心は一度転がった方向に転がり続ける**という性質があります。

ですから、私たちは頭が何かでいっぱいになると、感謝というものに気づかなくなってしまうのです。

でも、感謝は「ある」、それは例えると海に潜れば「魚」が泳いでいるのと同じで、私たちの周りには「感謝」そのものがたくさんあるのです。

例えば、晴れた空が広がっていること、歩いたら一日かかる距離をたった30分で電車が運んでくれること、会社が、お給料、社会保険、年金、定期代の面倒から、仕事、仲間、上司やお客さまとの出会いまで提供してくれること。

顕在意識に上ることはなくとも、記憶の貯金箱に入っている**感謝すべき対象は周囲を見渡せばいくらでも「ある」のです**。

それならば、折角ですから、貯金箱をもっと開けてみませんか？

これが「(心から)感謝する」ということです。何も難しいことは必要ありません。意識を一瞬、そちらに向けてみるだけでいいのですから。

ここで夢や願いを、種子に例えてみましょう。

種から芽が出るには肥沃な大地が必要です。この肥沃な大地とは、感謝によってわき上がるβエンドルフィンで満たされている脳の状態、つまり「快」の状態のことを指します、といえばわかりやすいでしょうか。

また、夢や願いをある大陸の「目的地」、私たちを「船」に例えることもできます。

もちろん船だけではどこにもたどり着けません。そこに海がないことには目的地に着かないのです。この海こそが、βエンドルフィンであふれかえる心の「快」であるということも可能です。

皆さんは、もうおわかりでしょう。

私たちの記憶の貯金箱には、感謝がいっぱい「ある」のです。少し意識を向けるだけ、つまり感謝を「する」だけで、脳内ではβエンドルフィンなどの快楽ホルモンが間欠泉のようにあふれ出します。こうなったらもう爽快感は止まりません。大地はどんどん肥沃に、海はどんどん晴れ渡り、どんなに大きな夢もかなえる器や体質が出来上がっていきます。

いったんこうなると、「開運のスパイラル」に入り、それこそ、「感謝力」全開でも止まらないという状態になります。

「感謝力」というと、懐かしく思い出すYさんという方がいます。

地方の専門学校を卒業して、大手一部上場企業に入社した彼は、開発部門に配属されました。陰気の陰の字も逃げていくような明るく楽しい人柄が皆に愛され、次々とチャンスに恵まれました。

ついには、30代半ばの若さで中国支社長に抜擢されたのです。現地でも多くの方の支援に恵まれ、新規事業を順調にスタートし、彼はとうとう有力な華僑の目に留まったのです。そして中国で起業し、現在は経営者として、日本、中国だけでなくアジアを股にかけて活躍しています。

そんなYさんがいつも口にしていた言葉は、**「ありがとうございます！」「いや～、皆さんのおかげです」**、そして**「楽しいですね」**でした。

私たちはついつい目に見えるもの、つまり「結果」だけを見てしまいがちです。しかし、結果を木に例えるなら、**木は肥沃な大地がなければ決して育ちません。**感謝は、そんな大地を肥沃にしてくれます。

でも、ここで難しいことは何もありません。

「ありがとう」この一言を意識するだけでも十分なのですから。

帰りの電車で手帳の隅、アイフォーンや携帯電話のメモ帳に、今日一日のありがとうを2つ、3つ書いてみてください。

そうすれば自分の感謝に対する感度も上がります。

この一言がどれだけ未来の種を育てるのでしょう、さらに、どれだけ援軍がやって来るのでしょう。そう考えると本当に楽しみだとは思いませんか?

「ありがとう」「今日もよくやった」「いつもいい人たちに囲まれている」、ぜひこれらを本気で使ってみてください。

唱えてみよう

「ありがとう」
「今日もよくやった」
「いい人たちに囲まれている」

肥沃な大地をつくる肥料「言葉のプレゼント」

ここ最近「褒める」ことの素晴らしさに、スポットライトが当たり始め、私はとてもうれしく感じています。皆さんは、自分や人を褒めることは好きですか？

褒めるよりも褒められたいという方も多いことでしょう。

「褒められる」、こんなにうれしいことはないですよね。

しかし、**誰かを「褒める」ことも、誰かから「褒められる」と同様、心を「快」に導いてくれる**のです。

「褒める」を「言葉のプレゼント」と考えてみてください。きっと毎日が楽しくなるはずです。

また、褒めるのは誰かの長所や何か優れている点である必要はないのです。どんなことであっても、360度、いろいろな角度から見ることができるのです。

人が短所とだと思っていることも、反対側から見ると、案外大きな長所だったり、他人から見ると愛嬌だったりします。

例えば、悩みやすいということも、一生懸命さの裏返し、ということもできます。心理学の実験でも、人はデキるタイプの人より、少し短所もあるお茶目なタイプの方に親しみを感じるという結果があるそうです。

私はまず自分に対して、もっと「言葉のプレゼント」をしていくべき、と思っています。

そうはいっても「謙虚」が邪魔をして、「言葉のプレゼント」を自分に対して贈れないときがあります。そういう方も多いのではないでしょうか。

そんな方にお勧めしたいのが、人に言葉をプレゼントする、つまり、まず「人を褒める」ことの勧めです。

少し、恥ずかしいかもしれません。でも、人を褒める効用は、自分にも相手にも本当に計り知れないものがあるのです。

主な3つの効用を、順番に挙げていきたいと思います。

一つは、何といっても心の「快」がつくられます。人、物事のよい面に意識を向けるのはとても気持ちがいいものです。また、「人を褒める」は前述のAさんのような開運スパイラルを維持する行為でもあるのです。また、たいていの人は褒め返してくれますから、自分が気づかなかったよい面に気づく機会にもつながるのです。

もう一つは、私たちの自律神経系の特徴と関係します。自律神経系は人称を理解することができません。ですから人を褒めているのに、自律神経系は「自分のこと」として反応し、記憶の脳に「褒められた」意識を伝えてしまうのです。

例えば、人を「素晴らしいですね」と褒めると、自律神経系は「自分のことを素晴らしい」と認識するので、セルフイメージがどんどん上がっていくことになります。

最後の一つは、ここがいちばん大事なのですが、**素晴らしいコミュニケーション能力を磨ける**ことです。コミュニケーション能力が高まると、人間関係は良好となりますから、当然面白いほどに仕事もうまくいくようになります。

また、いざ人を褒めようと思ったら、いろいろなことを考えなくてはなりません。例えば、皆さんは周囲にいる人の長所をすぐ挙げられますか？　そのうち相手がいちばん褒められたい長所はどれでしょう。また、ストレートに褒められてうれしい人もいれば、さり気なく褒められたい人もいると思います。

つまり、**「どうしたら相手が喜ぶのか」、を考える訓練にもなる**のです。**真の営業のプロフェッショナルは自然にこれができる人ばかり**です。それはつまり、**一度会ったらまた会いたいと相手が思ってしまう**ということです。

才能でこれができる人ももちろんいますが、私が感じるのは、**努力して獲得してきた方がほとんどだ**ということです。

また、企業活動の根本は、「お客さまは誰か？　お客さまは何を求め、自社に何を期待しているか？　そんなお客さまにどうアプローチするか？」です。

それは突きつめれば**「どうしたら相手がいちばん喜ぶか？」を考えること**ですから、「人を褒める」行為は将来必ず役に立つはずです。

「褒める」という行為で、人生を変えてしまった知人がいます。Kさんという、30代の大手メーカーのセールスパーソンです。

彼は、取引先への訪問のたびに、担当者の方の長所をメモに取り、商談の中で素直にそれを伝えていました。そして、Kさんのやり方に感心した担当の方は上司にすべてを報告していました。管理職、役員、そして社長までそのエピソードは伝わり、この話に感激した社長は、Kさんに直接お礼の言葉をかけてくださったそうです。

社長からしてみれば、見えないところで社員や会社のために不断の努力をしているのに、下から伝わってくるのは不満の声ばかり。Kさんの行為が本当にうれしかったのでしょう。Kさんは現在全国でもトップクラスのセールスパーソンになっています。

「褒め言葉のご利益は2割は相手に、8割は自分に」といわれますが、実際は一石何鳥になるのかわからないほど素晴らしい効果があると私は思っています。これ以上に幸福感が広がるものはありませんので、ぜひ活用することをお勧めします。

褒められて本心から嫌な気持ちになる人を私は見たことがありません。

それがあなたの本心なら「わざとらしく」聞こえることもありません。相手の喜ぶ方法で伝えたら必ず喜ばれます。

そして、一日の終わりなどには**必ず自分のことも褒めてあげてください**。

言葉のプレゼントは必ず人を幸せにします。そして必ず自分の夢も育ちます。

まずは、たったの一言だけでもＯＫです。

唱えてみよう

「いつも魅力的ですね」

「いつも笑顔がすてきですね」

「（自分に対して）イイ感じイイ感じ」

心のモードを変える方法

皆さんの中には「今の生活から抜け出したいけど、どうしたらいい、何をしたいのかがわからない」……という方も少なくないのではないでしょうか。

「希望に勝る妙薬なし」というソロモン王の言葉があります。いかなる状況においても、希望は持っていたいですよね。しかし、何か目標を見つけなきゃ、と思えば思うほど不安・緊張・ストレスは高まるものでしょう。

でも、安心してください。**「何をしたらよいかわからなくて困る」ということは、何か目的地を決めたい、ということの裏返し**でもあるのです。

そして、それはとても素晴らしいことで、成功の予兆ともいえるのです。また、感謝の対象がどんな人にも実際は「ある」ように、「やりたいこと」も必ずや「ある」のです。

日常生活で、何かを見たり、聞いたり、感じたりする中で、「これをやってみたい」「こうなりたい」という思いを人は必ず抱いています。

ただ、何かで頭がいっぱいになっていると、顕在意識に上ることなく、記憶の貯金箱にしまわれてしまいます。

ここで「やりたいこと」が「感謝」と違うのは、少しだけ記憶の深い領域に存在していること。ですから、この場合には「鍵」を差し込んで開ける作業が必要となります。

では、その「鍵」を開けていく方法を2つばかり紹介したいと思います。

一つは、**「自分アルバム」**です。言わば、自分史のようなものですが、簡単に、子供のころから今までの思い出に残ったこと、楽しかったこと、好きなこと、得意なことを、思い浮かべたりしたものを簡単にメモしてみましょう。

はじめは5つ、6つほどで構わないのですが、次第に止まらなくなっていくはずです。

また、できるだけ昔のころの方が、なぜか「鍵」となりやすいようです。

例えば、楽しみにしていたおやつ、緊張で胸がいっぱいの小学校の入学式、青春まっしぐらの部活動、初めての海外旅行、不安で仕方のなかった入社式、資格試験合格の喜び、出会いのミステリー、感謝感激の結婚式など……。

思い出すたびに、気持ちが明るくなる感じがしませんか？　これはやる気のホルモンといわれる、快楽ホルモンβエンドルフィンの兄弟、「ドーパミン」の効果なのです。

「え、こんなことで？」と思われた方もいるかもしれませんが、こうして過去の宝を発見していくと、記憶の貯金箱である脳の「海馬」が活性化し、ドーパミンが分泌されるのです。すると、次にそれが「A10神経」を通って、想像力の部位である前頭連合野が活性化されます。こうなったら、強力な援軍があなたにやって来たようなもの。

やがてそのドーパミンが海馬から「好きなこと、得意なこと、やってみたいこと」の情報をひっぱり出し、前頭連合野が司る、愛や、喜びなどのキラキラとした高揚感を通して、「やりたいことはこれだ！」とあなたに教えてくれるはずです。

このように、**「忘れてしまったいい思い出」をできるだけ思い出す行為はとても大切**です。

そのままでキラッと輝く思い出は、本当に皆さんの宝物なのです。それらは財産、資産といいかえることすらできるでしょう。

もう一つは、イヤだと思うことをヒントにして、**「自分が大切にしているもの」**を探り当てる方法です。例えば、ジっとしているのが苦手であるなら、外に出るようなライフスタイルや仕事が向いていると知る手がかりになります。

図④ 自分と向き合うためのシート

自分アルバム		↓思い浮かべてみよう！	
○○年○月○日	**○○病院にて誕生！** 初めて歩く。両親いわく、ゆっくりながら、ひたすら歩いていたのだそうだ。		
○○年○月○日	**シンガポールの運動会** ○社に入社し、陸上リレーの選手として会社の太平洋地域の運動会に参加する。団体競技が好きなことがわかる。		
○○年○月○日	**初めての大きなプレゼンテーション** 大きな会場で部門を代表してプレゼンを行った。人に何かを伝えることも好きなことだとわかる。		

やってみたいこと		↓思い浮かべてみよう！	
□	自分の誕生日に、両親に「ありがとう」といってみる	□	
□	アジアでのプロジェクトを担当成功させたい	□	
□	もっと人を感動させるプレゼンテーションや講演をしてみたい	□	
□	どんどんお客様に会う仕事にも挑戦したい	□	
□	ハードでも権限のある仕事にチャレンジし、年収もアップしたい	□	

大事にしていること		↓思い浮かべてみよう！	
□	ジッとしているのは苦手 →外にでる仕事やライフスタイルが好き	□	→
□	体的な目標はないが、今の年収では満足しない →ハードでも報酬が見合う仕事がしたい	□	→
□	時間を守らない人は苦手 →自分や他人の時間を大事にしている	□	→

自分と過去を好きになるほどに、やりたいことに近づく！

また、今の年収では満足しないなら、多少ハードでも希望の報酬が手に入る仕事をしてもよいとどこかで思っているのではないでしょうか。

じつは、私もこの2つのやり方を鍵にして、本当に「自分がやりたいこと」をじっくりと考えました。まるでレンガを積み重ねるように、少しずつ、少しずつ考えた記憶があります。出てきた答えは、「言葉の力」の素晴らしさをもっと伝えていきたいということでした。

でも念には念をと、もう一度最初からやり直しました。繰り返し試してやっぱりこれだ！　と同じ結果に到達したときに、今回の執筆のお話をいただいたので、本当に驚きました。

こうして自分と向き合っていけば、必ず鍵が見つかります。

自分やこれまでの過去を遡って。それらを好きになれば、昨日より少しだけやりたいことや未来に近づいていくことができます。もちろんここでも言葉は答えを引き出してくれることでしょう。

唱えてみよう

「これ、好きだな」
「楽しいな」
「アイディアがどんどんわいてくる！」

一流の人はイメージトレーニングを欠かさない

イチロー選手ほどのトッププレイヤーや、アップルコンピューター社のスティーブ・ジョブズなどのCEOは、イメージトレーニングを欠かさないそうです。

経営者、エグゼクティブ、スポーツ選手、芸術家など、一流の方にはこうありたい姿を思い描いたり、イメージする方が非常に多いものです。

忙しいのに、一体どうして……？　と思いませんか？

それは、**望む結果に対するリハーサルを行うため**ではないでしょうか。

つまり、**「準備のできている人」**ということです。

米国の心理学者Ｅ・ジェイコブソン博士は、イメージを描いただけで、関係する筋肉群に実際の動作とまったく同じ信号が出ていることを証明しています。前述した通り、自律神経系は想像と事実、時制の区別をつけることができません。

ですから、**想像体験は、望む結果に対する大事なリハーサルになる**のです。

リハーサルを行うのと、ぶっつけ本番のどちらがいいでしょうか？　いうまでもないですね。

この件に関して、ここでは実際に夢を実現したＣさんの想像体験を例にしていきたいと思います。

Ｃさんは、日本国内の外資系企業で活躍するビジネスパーソンでした。そのときに子供のころからの、「海外と関係する仕事がしたい」という目標、というよりは夢を次のように想像体験化していったのです。

まず、「海外と関係する仕事」を５つ、６つに分解しながら、映像化したそうです。少し分解するだけで、どんどん具体的に、臨場感も出てきたと彼はいいます。

次に、最も心に響いたキーワードを中心に、10行程度に文章化する作業を行いました。

Cさんの場合は「商談に飛び回る」でした。このキーワードを中心にリアルに感触化していった文章は、具体的な場所、仕事の内容、人間関係や環境、目に映る景色など、イキイキとした高揚感が伝わるものでした。

この高揚感が、喜びのモチベーション、「側坐核」のスイッチが入った証拠です。彼は仕上げに、毎晩眠る前にこの情景を声に出していったのだそうです。この声に出す作業は、大変ならば半分程度に短くしてもOKです。

早く寝てしまいたい方はバスタイムで行っていただいてもOKです。リラックスして、下意識に働きかける、という点がポイントですから。

「側坐核」のスイッチを入れることは、例えるなら種を「植える」ことと同じです。目標を映像化したり、感触化して文章にしたり、種を植えるところまでは大変かもしれません。でも、無から有をつくるのですから、この作業は一つ宇宙をつくるくらい価値のあることなのです。

一度種を植えてしまえば、映像をイメージしたり、文章を読んだり、アファーメーションを繰り返すなどのメンテナンスをするだけです。「側坐核」こそは自分自身の運命の扉だと思って皆さんもノックしてみてください。

ちなみに、Cさんは、その後、本当に国内営業から、米国新規事業の担当になっています。


じつは、こうした例はたくさんあります。

私は、「人生作家倶楽部」という自分の未来の姿の小説を書く作家クラブに所属していますが、そこにはプロの作家だけでなく、老若男女、ビジネスパーソン、経営者、資本家などさまざまな方が参加しています。参加者全員が口をそろえるのは「本当に書いた通りになってしまう！」ということ。

書いた通りに起業した、夢の仕事を手に入れた、出版が決まった、希望の物件が見つかった、ヨーロッパとの新規事業を始めた、書いた通りの家を持つ人と結婚することになった、開業して子供も生まれた……、などと枚挙にいとまがありません。

最初は驚いていましたが、最近では、やるべきことが、じつはどこかで決まっていて、書くことで、啓示を受けるのだろうか、とすら思うくらいです。

この文章化の作業のことを、**「ビジョン・ストーリー」**とも呼ぶそうです。最近では、ベンチャー企業がプレゼンテーションを行う際、事業計画と併せてビジョン・ストーリーを伝えるのが、特にシリコンバレーなどの企業で主流になりつつあるそうです。

やっぱり、**人間は映像や、文章、音に相当の影響を受ける**のだな、と思ってしまいます。

少しだけでも自分の思いを広げれば、素晴らしいことが本当に手に入るかもしれません！

第一歩は次の一言だけで十分です。自然に体が動きますから。

唱えてみよう

「私は準備ＯＫだ」
「リハーサルは完璧だ！」
「うまくいく予感がする」

図⑤ ビジョン・ストーリーのやり方

目標：海外と関係する仕事がしたい

分解しながら映像化

- ●海外で商品・サービスがとても喜ばれ、商談に飛び回る
- ●赴任、社員の採用も終えて、現地でオフィスを開く
- ●現地にいいパートナーや代理店候補が見つかる
- ●視察を兼ねて、展示会に出展、進出先を決定
- ●情報収集、社内異動

ここから行動開始

文章化　リアルな感触や感情を！

サンタ・ロザからロサンゼルスに戻る機内にいる。もうすぐ到着。夕刻のロサンゼスの景色は本当に綺麗だ。街の光がゆらゆらと揺れている。思いがけないご縁もたくさんあり、何とか新規事業のスタートアップをすることができた。日本では当たり前と思っていたこの商品が、米国でこんなに差別化でき、喜ばれるとは本当に驚いている。もし、あの時情報収集せず、提案も出展もしなかったら…。こうして毎日出会うお客様、提案を後押しして下さった社内の方々、また協力くださった関係各社の方々にありがたいという気持ちでいっぱいだ。明日も商談。今日は準備をしっかりして早めに寝よう。明日もうまくいく予感がする。

声に出す　眠りの前にアファメーション

サンタ・ロザからロサンゼルスに戻る機内にいる。何とか新規事業のスタートアップをすることができた。弊社商品は米国では競争力があり、喜ばれている。もし、あの時情報収集せず、出展しなかったら…。　日々、出会うお客様、社内や関係各社の方々にありがとうという気持ちでいっぱいだ。明日もうまくいく！

セルフイメージはゆっくりとつくっていく

Chapter 2の「金メダルと銀メダルをわけるもの」のところで、セルフイメージをつけるのは「カン違いからで構わない」ということを書きました。

新しいセルフイメージをつくることは「簡単ではない」かもしれません。

しかし、「シンプルだ、簡単だ」と唱え続けていれば、かなりあっさりとつくることができますので、ぜひそのような気持ちでチャレンジしてみてください。

このChapter 3の内容は、新しいセルフイメージをつくるのに必要な、基礎的なことを並べています。ここまで読み進んでいただくうちに、おそらく皆さんの下意識にも変化が起こり、セルフイメージは確実にバージョンアップしていることと思います。

ここで、今までの内容を振り返ってみましょう。

□言葉が器をつくり、それが人格、品格、風格、運にまでつながる
□人の「器」とは、物事に対するその人の思考や反応のパターンのこと
□「感謝」は、「快」の状態をもたらし、心の肥沃な大地をつくる
□「褒め合うこと」も「快」をもたらし、心の肥沃な大地をつくる
□自分と過去を好きになると、心のモードが変わり、未来志向になる
□想像体験でも将来へのリハーサルができ、心に未来の種を植えることができる

さて、ここからは、どうカン違いの入り口を見つけるか、つまり、「いかに、なりたい自分のイメージをつかみ」「いかに、『側坐核』のスイッチを押すか」に触れていきたいと思います。

ここでは、代表的な４つのアプローチ法をご紹介しますので、気に入ったものを参考にしてください。もちろん、全部行ってみても構いません。

1．コミュニケーションの活用

人とのコミュニケーションで褒め合いながらじっくりとセルフイメージを高める方法です。前述のラニー・バッシャムも推奨している方法で、人を褒めると褒

め返してくれるため、気づかなかった自分の長所を発見しセルフイメージが上がるというものです。また、褒め合ううちに、相手を褒めているつもりが自分のことに思えてくるということも確実にあります。つまり脳がカン違いをしてくるのです。この性質はどんどん活用していくべきです。

2. アクションの活用

なりたい人を決めて、その人になりきって行動しながら素早くセルフイメージを高めていく方法です。体を使って行動し、服装、身ぶり手ぶりや話し方などマネから入っていくので速効性があります。

3. イマジネーションの活用

目標や夢などの想像を広げつつ、想像体験のリハーサルを繰り返しながら、セルフイメージを高めるやり方です。いわば積み上げ方式ですが、目標や夢だけでなく、健康、経済、恋愛・結婚、家庭、趣味……と広げていくと、楽しくイメージがぐんぐん広がります。

4. プレゼンテーションの活用

自分の目標を人に伝えながら、セルフイメージを高めていく方法です。目標をいっているだけなのに、相手は頭では目標だと理解しつつも事実と思ってしまう。つられて自分も事実のような気がしてくるということがよくあるそうです。

高校卒業後、地方から上京し、ゼロから数千人規模の大手外食チェーンを育て上げた経営者の方から、かつて私は面白い話を聞いたことがあります。

その方が初めての店舗を開いたころのエピソードです。売り上げ目標を取引先の担当者に語っていたら、その担当者が目標を事実とカン違いし、どんどん取引条件がよくなり、最終的に売り上げ目標を達成してしまったとのお話でした。

これは非常に興味深い内容ではないでしょうか。まさに**「目標も千回唱えれば真実」**といえるエピソードだと思いました。

いずれにしても、**先の4つの方法に共通するのは「人」とのかかわりです**。人は、人の縁によって変わることができるもの。ですから、よい人との出会いを求めたり、本などで尊敬する人の言葉や考え方に触れるのもとてもいいことだと私は思います。

また、自律神経系は急激な変化を好まないものだそうですから、ゆっくりとカン違いするよう仕向けて、そうなってきたなと思ったら、調子を上げていくのがいいやり方だと思います。

まずは、ゆっくりと第一歩を踏み出しましょう。

次の一言で、気持ちもガラっと変わります。

唱えてみよう

「私はデキるビジネスパーソン」
「どんな人からも好かれる愛される」
「目標も千回唱えれば真実！」

コラム

映画「風と共に去りぬ」

マーガレット・ミッチェルの原作で、1939年公開ビビアン・リー主演の

『風とともに去りぬ』。不朽の名作ですよね。

数々の名セリフの中でも、この映画の中で世界中の人々の心をとらえて離さない一言は、

「Tomorrow is Another Day」ではないでしょうか。

日本語では、「明日は明日の風が吹く」と訳されますが、私はもっと深くて果てしない言葉の広がりを感じます。「Tomorrow is Another Day」とつぶやくだけで気持ちを切り替えられるだけでなく、「何でもないところで失敗した人は、難所で失敗しないもの！」「明日があるさ！」「ケ・セラ・セラ」など、そのときの自分に必要な言葉まで一緒に引き出してくれます。

ちょっと、つらいときは、「明日はいい風が吹くかもしれない」、楽天的なときは「明日も違ういいことがあるはず」などなどのようにです。

「Tomorrow is Another Day」ほど、明日に希望をつないでくれる言葉はないのではないでしょうか。

本当に、不思議な力を感じる言葉です。

主人公のスカーレット・オハラが、空に向かって「神様、私は決して飢えません」と拳を突き上げ誓う第1幕のラストも有名です。

ある女性社長の話です。数十億円の負債を抱えた会社を引き継ぐことになってしまった後、彼女はこのシーンを毎晩繰り返し見たそうです。「必ず返済してみせる！「Tomorrow is Another Day」と自分に向けて唱えながらこのシーンをひたすら見続けたのだそうです。

すると、誰もが難しいと思っていた大きな借金を、結局彼女は完済してしまったのです。

気持ちを切り替えたいとき、明日への希望やエネルギーを感じたい時などに、お勧めの一言です。

CHAPTER 4

一流の人から学んだ「言葉の力」

この演奏で世界から呼ばれるかもしれない、丁寧に！

Chapter 3 では、本音、つまり心と言葉と行動を一致させながら、どのように仕事や日常生活に「言葉の力」を役立てるかを書きました。

このChapterでは、さらに視点を広げ、先人や一流といわれる方々が、具体的にどのように言葉をとらえ、行動に生かしているのかを紹介したいと思います。

ところで現代は、本当に便利な時代だと思いませんか？　昔の人は、江戸から京都まで東海道五十三次を何日もかけて歩きましたが、今では新幹線でたったの2時間強です。手紙を船に載せて、何日もかけた外国とのやりとりも、今ではEメールで簡単にできます。

しかし、それだけ時間の進み方が速くなったということでもあります。

現代人である私たちは、仕事で昔の何倍ものスピードを求められて、限界点で頑張っているのではないでしょうか。

このスピードの中で翻弄されているうちに仕事に対する初心や情熱も、記憶の彼方へ飛んでいってはいませんでしょうか？　また、必死に仕事に取り組んでいたら、いつしか仕事をこなすことが目的になっていた、ということはありませんでしょうか？　しかも一生懸命やっているのにです。

「この演奏で世界から呼ばれるかもしれません。丁寧に、丁寧に！」

先日、赤坂のサントリーホールで、有名なトランペット奏者をフランスから招き、235人のトランペット奏者が大集合するチャリティコンサートが開かれました。これは、そのリハーサルで音楽監督の女性が、メンバーにかけた一言です。

プロ、アマチュア交じっての即興の楽団でしたから、音や呼吸を合わせることは容易ではなかったと思います。

本当のところ、彼女は単に「もっと丁寧に演奏して」とだけいいたかったのではないでしょうか。しかし、彼女は上手に想像力を膨らませ、言葉で自分も楽団をも楽しませていました。

もし、この演奏がきっかけでニューヨークのカーネギー・ホールやロンドンのロイヤル・アルバート・ホールからお声がかかったとしたら……、考えただけで楽しいことですよね。

もちろん、このコンサートは大盛況で、テレビにも大きく報道されていました。

また、こんな寓話があります。

「昔、王様の宮殿をつくるため、石を切る男がいました。ある男は、『ああ、今日も大変だな』とつぶやきながら、ただ石を切りました。ある男は『よし、いつか自分も立派な宮殿をつくってみせるぞ！』という心意気をもって石を切りました。何年かたち、ただ石を切っていた男は、相変わらず同じように石を切っていました。心意気を持って石を切っていた男は、本当に自分の宮殿を立てました」という内容です。

同じことをするなら、こういった「心意気」はとても大事ですよね。それは「志」ということもできるでしょう。当然仕事のクオリティや結果も違ってくるでしょうし、何より、同じことをしても時間の経過が楽しくなるものです。

こうして、**言葉で自分や人を楽しませながら成長することができる人こそ、無**

理せず高みまでたどり着ける一流の人ではないでしょうか。

人は必ず見ています。

これは断言していいと思っています。周囲の人はよくも悪くも必ず見ているものです。**まともな組織だったとしたら、上司やその上からトップまで、光る人材を常に探し、見逃すことは決してありません。**

また、チャンスは意外なところからやって来ることもあります。「因縁」という言葉がありますが、**自分という因、つまり「器」がよければ、必ず見合う縁は訪れます**。

かつて台湾のとある起業家が面白いことをいっていました。「毎日がオーディションのようなものですよ」と。さすがにバイタリティが違うなぁ、と私は感心してしまいました。

ところで、毎日の〝オーディション〟で、人はどこを見ているのでしょうか？

台湾の起業家いわく、**初心を忘れず「心意気」や「志」を持って今の仕事に真剣に取り組んでいるかどうか**、だそうです。

今、この仕事をするために、積み上げてきた時間、応援してくれた人、初心を少しだけ思い出す。この仕事の先にある未来に少しだけ思いを馳せてみる。ちょっとだけ、過去や未来へと時間軸を広げるだけで、今取り組んでいることを、無理せずに１００％「楽しく」感じられるのではないでしょうか。

一流の人は、こうして自分や、もしくは他人を盛り上げるのがとても上手です。

もし、皆さんが否定語でついつい考えてしまうクセがあったら、一言を変えてみるだけで、気持ちがガラリと、変わります。

ぜひ試してみてください。

唱えてみよう

「つまらない → 面白い」

「どうせムリ → ますますいい予感がする」

「絶対うまくいきっこない → きっとうまくいく！」

これでいいのだ！　素晴らしいですね！　ありがとうございます！

また、一流の人が共通して大事にしていることに**「平常心」**があります。かつて私は、あるメーカーを創業し一部上場企業へと育てた企業経営者の方に、**「人生や仕事において最も大切なことは平常心ですよ」**と教えていただいたことがあります。

平常心というと少し硬く聞こえますが、**心の「快」**と言い換えることもできるのではないでしょうか。つまり感謝の気持ちを感じ、過去も自分も大好きであるというβエンドルフィンや、ドーパミンなどの快楽ホルモンであふれている状態です。

この状態にある心には「揺らぎ」がありませんので、「平常心」は保たれたままというわけです。

しかし、残念なことに、人間は皆が聖人君子ではありません。

毎日の生活には、思うようにいかないこと、人間関係の悩み、過去の「こうしていたなら」という思いや不安など、揺らぎをもたらす要素はたくさんあります。

しかし、この揺らぎから、chapter 3に登場した、Bさんのような「堂々巡りのスパイラル」が始まるのです。また、**揺らぎは確実にストレスを引き起こします**。

つまり、**揺らぎは、肥沃な心の大地に、毒をまくようなもの**で、最も大切な健康まで脅かしかねません。

だからもし揺らぎを感じたら、すぐに手を打たなければなりません！

そこで、素早く気持ちを切り替えて心を「快」に戻す特効薬となる言葉をご紹介したいと思います。

事業家として活躍されるMさんという方がいらっしゃいます。彼には、マンションの一室から起業して事業を大きく成功させる中で、何が起きても必ず口にしていた言葉がありました。それは、

「これでいいのだ！」

「素晴らしいですね！」

「ありがとうございます！」

です。

彼はこれらの一言で気持ちを切り替えて、いくつもの困難を乗り切ってきたのだそうです。

また、こう唱えることで、必要なときに必要な人や資金面の援助など、不思議に予期せぬ援軍が現れて、とうとう海外事業所を持つまで事業を成長させることができたのだそうです。その後も、次々に新しい事業を起こしては、あっという間に大きなビジネスにしてしまう、まさに魔法使いのような方です。

中国の故事に「雲烟過眼《うんえんかがん》」という言葉があります。嫌なことを心に留めない、悩みが消えてさっぱりとした気持ちになるという意味です。

つまり、列車から景色を眺めるかのように、すべてを美しく過ぎ去るように見られる心の境地のことです。

しかし、この境地に至るために、心の修練や、思考トレーニング、さらにコーチングを受けることなどから始めたとしたら、どれほどの時間がかかるでしょうか。相当の時間とコストがかかるでしょうし、それが逆にストレスになるかもしれません。

しかし、「言葉の力」には、一瞬で気持ちをシフトさせる効果があります。心はボールのように言葉によって投げられた方向に転がり出す性質がありますが、その際におかしな方向に向かいそうになったら、再度いい言葉を自分に投げてあげればよいだけなのです。ですから、まずは言葉を投げかけてみて、これと併せて必要に応じてその他の修練や、種々の思考法を実践していく方がより効果的でしょう。

もう一度、Chapter 3 のAさんとBさんを例にしてみましょう。

生活や仕事はスキーのようなものです。つまり、「こぶ」という問題を超えるのは、仕事で困難を乗り越えることや目標の達成に相当します。

一流の人はなべてAさんのような人しかいません。つまり、**こぶをこぶとも思わず、スイスイ楽しむかのように滑ってしまう人です**。

では、Bさんのように、こぶにつまずいて、堂々巡りをしてしまう人とどこが違うのでしょうか。

その違いは大きく二つあります。

一つは、**こぶにつまずくかつまずかないかは、その人の思考や反応のパターンによって決まる**ということ。

つまり、日常的にポジティブな言葉を使っていると、ポジティブな行動パターンがつくられますし、逆にネガティブな言葉を使うと、ネガティブな行動パターンができ、どんどん結果に差がついてしまうのです。

もう一つは、**つまずきそうになったり、つまずいた時に、気持ちを切り替える一言を持っているか**どうかです。

つまり素早く思考や感情を切り替えられるかで、さらに違いが出てくるのです。

思考も感情も切り替えが早いほど幸せになれるという意味でお伝えしたい一言があります。元吉本興業プロデューサーの大谷由里子氏の講演会で教わった彼女の一言です。

「離婚したら合コン」

さすが吉本興業という気がしました……。

スキー（つまり仕事）でこぶにつまずきそうになったら、または、本当につまずいてしまったら……。

とにかく特効薬を使ってみましょう！　モーグルスキー（さらにハイレベルの仕事）まで楽しめるかもしれません！

唱えてみよう

「あの時こうしていれば↓これでいいのだ！」

「困ったなぁ↓素晴らしい」

「嫌なこというなぁ↓ありがとうございます」

大丈夫、君は必ずトップセールスになるよ

Chapter 1で、新しいセルフイメージをもったことにより生まれた自信が私を変えたエピソードをお話ししました。まさに田舎の鈍牛がスペインの闘牛になったかのような豹変ぶりだったのですが、そのきっかけは上司の褒め言葉でした。
つまり、Chapter 3で紹介したセルフイメージを高める4つの方法のうちの、「コミュニケーション法」です。

私が当時勤務していたアメックスでは、事業部のトップである副社長が、定期的にメンバー全員と一対一の面談を行っていました。これは本来なら喜ばしいことかもしれません。

しかし、当時の私は思うように成績も上がらず、いつも真っ青な顔をしていましたので、何を話したらよいのやら、とても緊張していたことを覚えています。ところが顔を引きつらせて話す私の目を見て、サンタクロースのようなニコニコした面持ちで、副社長がかけてくれた一言は、

「大丈夫！　君は必ずトップセールスになるよ。経験でわかる。しっかり準備をして、計画を持って行動しているから大丈夫さ」

不安、緊張、ストレスが一気に溶けて、ヘタッとそこに座り込むようにホッとしたことを覚えています。また、最初は「え、私がトップセールス？」と思ったものの、だんだんとその気になっていきました。

結果として、年度スタートから４カ月で一年分の営業目標を達成することがで

き、おまけに本当にトップセールスにもなってしまいました。

つまり、心の「快」の状態が戻り、「トップセールスになれるよ」の一言で想像力が膨らみ、「側坐核」の喜びのモチベーションのスイッチが入ったのです。

さらにセルフイメージが高まったことにより自信が生まれ、マインドの力を100％発揮できる状態になったのです。私の場合は、それまでにスキルや知識を蓄えていたので、かなり素早く結果に結びついたのだと思います。

気だけを張って、自信を失いかけているときにかけてくれたこの一言へのご恩は一生忘れないでしょう。どんなにホッとし、うれしかったことか……。

しかし、こうしたことは非常によくあることのようです。

例えば、シドニーオリンピック女子マラソン金メダリストの高橋尚子選手も、小出監督の、**「いいね、いいね」**でグングン成績を伸ばした一人です。

「あなたは必ず天下を取る。トップを張れる人だ」の一言で迷いがふっきれてやる気になりトップセールスになった知り合いの営業担当の女性もいます。

フロイトは晩年に「生まれ変わったら占い師になりたい」といったそうです。

セルフイメージの専門家であるマルツ博士は「人を幸せにするのに、メスはいらない」と言って整形外科医から心理学者になりました。おそらくフロイトも、**人を幸せにするのは精神分析よりも、「未来の肯定的予言」である**ことに気づいていたのでしょう。

管理職、リーダーなど人を育てる立場にある方に伝えたいのは、スタッフや部下が待っているのは、この**「たった一言」**ということです。

影響力のある人の一言は本当に強力です。スキル、知識などの準備のできている人はすぐに変わります。そうでない人も喜んで仕事に取り組み、スキル、知識を学んでいこうとします。

もう一度言います。**この「たった一言」だけでいいのです**。

また、もう一つ大事なことがあります。

それは、**「人が一言をかけてくれるのを待たない」**ということ。一言をかけてくれる人を探す間に時間は過ぎてしまいます。また一言をかけてほしい相手がかけてくれない場合に、ストレスがたまるなど本末転倒になりやすいからです。

つまり、**〝人が何かをしてくれる〟というコントロールしにくいことに立脚し**

てしまうと、非常にリスクが高いのです。

それならば自分で「一言」をかける方が何倍も早く、確実です。

一流の人、そして本物のリーダーは、セルフイメージを高める言葉を自分にも他人にも「与えられる」人なのです。

でも、あまり気張らず、少しくらいの「遊び心」で粋に、それこそ占い師のフロイトになったくらいのつもりで一言をかけていくと楽しいでしょう。自信がさらにつく、というオマケもつきます。

今日一日、自分に「一言」をかけてみませんか？

唱えてみよう

「大丈夫、私は○○○になれる！」（好きな未来の予言を入れてみましょう）

大丈夫、必ずうまくいくわよ！

人間だけがもつ言葉を通した自分や人とのコミュニケーションについて、お手本にしたい方の一人が、現横浜市長の林文子氏です。ビー・エム・ダブリュー東京代表取締役社長、ダイエー会長兼最高経営責任者、日産自動車執行役員、東京日産自動車販売代表取締役社長など、輝かしいご経歴にふさわしいお人柄や言葉に触れたら、誰もがファンにならずにはいられないことでしょう。また、本当に励まされた方も多いのではないかと思います。

実は私も、林さんに励ましていただいた大勢のうちの一人です。

アメックス時代に、成績を伸ばすために何かを学べるのではと、ビー・エム・ダブリュー東京時代の林さんの講演を聴きに行ったことがあります。懇親会の席で名刺交換をさせていただく幸運に恵まれ、本当は自己紹介だけするつもりでした。ところが、当時の私は相当切羽詰まっていたのか、ツライ気持ちが飛び出て、せきを切ったように「泣き」の言葉が止まらなくなってしまったのです。

しかし、林さんは、私の気持ちを優しくしっかりと受け止めるように、背中をポンとたたきながら、こう励ましてくださいました。

「大丈夫、大丈夫。必ずうまくいくわよ！」

本当にただ嬉しく、しかしなぜだかとても安心しました。その上に、後日丁寧に、おはがきまでいただいたのです。名刺交換をした全員に送られたのだと思いますが、一期一会を本当に大事にされる方なのだと思いました。とてもうれしくて、小躍りしながらはがきをデスクに飾り「大丈夫、必ずうまくいく！」と励みにしたものです。

このように林さんに励まされた人は非常に多いと思います。部下の長所を褒めて潜在能力を引き出し、成績が低迷するＢＭＷのお店を立て直したエピソードはあまりにも有名です。

また、久しぶりに林さんにお会いしたある方は「○○さん、お会いできて嬉しいですわ～」と最高の笑顔と明るい声で迎えられ、本当にハッピーな気持ちになったと話していました。

たとえ、一期一会でも、出会った相手を包み込んで、相手のいってほしい言葉をかける、**つまり「与える」方なのだと思います**。それ故、人は誰でも林さんに会うとまた会いたくなるのでしょう。**頭ではなく、ハートから包み込んでいることがわかるからです**。

林さんは、毎日、大勢の方に会われると思います。そして、その一人ひとりがこうして感動し、ファンになっているとしたら……。おそらく「うまくいく」どころの話ではないかもしれません。皆が、林さんの応援団や援軍になるのですから。

前述した通り、言葉は器をつくり、人格・風格・品格へとつながって、さらには運をつくります。また、言葉によって、自分や人を傷つけることも、制限を決めることも、人から奪うこともできます。**一方、長所を褒め、無限の可能性を伝え、相手がかけてほしい言葉を贈る、つまり人に与えることもできます**。

どちらを選ぶのかの選択は皆さんの自由です。

まずは身近にいる、相手が欲しい言葉を贈り、よいコミュニケーションを築いている人を思い出してみてください。

その方は、多くの幸せ、運や、人に囲まれていませんか？

皆さんも手始めに、身近な人に喜ばれる言葉を贈ってみてはいかがでしょうか。

もちろんメールにも、気持ちや心はにじみ出るもの。

メールにちょっと一言、添えてみませんか？

活用してみよう

「ありがとうございます。」

「本当にうれしいです。」

「感謝しています。」

一流の組織で使われている言葉

ここまで、一流の人の言葉の習慣を挙げてきましたが、ここでは組織に視点を移してみましょう。

実は、いい組織にも同じことが当てはまります。つまり、人間だけがもつ言葉を通し、組織内でどのような縦横上下のコミュニケーションが取られているか、相手が欲しい言葉を「与える」コミュニケーションが循環しているかで結果に大きな違いが出てしまうのです。

いい組織で使われている言葉はすべてポジティブです。また、Chapter 1、Chapter 2、Chapter 3 や、ここまでお話ししてきたような言葉の使い方が仕組みとして組み込まれているものです。

例えば事業計画や中長期のゴールを組織のトップが情熱とともにビジョンとして示すことがされていますし、企業理念や社是といったものが大抵そこにはあります。

「クレド」のようにその組織のゴールやテーマがスローガンとして表現され、各人に求める資質、行動指針を短くまとめて末端まで伝える企業もかなり増えてきました。

ザ・リッツ・カールトン・ホテルの「クレド」はあまりにも有名ですね。

またこういった組織では「リコグニッション」と呼ばれる表彰の機会が多く、どんな小さなことでも、できるだけ全員を表彰しています。**褒められる行為というのが、本当にうれしいことと熟知しているの**でしょう。

こうした組織の大きな特徴は、**チームメンバーの成功を祝う雰囲気がそこにあること**です。

具体的には、誰かがいい仕事をしたときに、率先して「おめでとう」をいう人とそれに続く人を合わせた数が、全体の半分以上になるとこうした雰囲気が生まれます。

しかし、問題なのは、所属する組織にこうした仕組みが少ない、またはネガティブな言葉が循環している場合です。また実際は、こういったケースの方が多いのではないでしょうか。

では、そうした場合にどうするか？　ここでは2つ方法を紹介します。

一つは、あなたが普段からいい言葉を使い、チームメンバーや同僚が仕事を成功させたときには率先して「おめでとう」といってみることです。**一人でもいい**

言葉を循環させる人がいるだけで、同じ組織でありながら全体がガラっと変わることがあります。これは私も経験したことです。

また、人の成功を祝うと、自律神経系は自分の出来事と判断して記憶化し、同じことが自分にも起こりやすくなる効果も期待できます。

もう一つは、**何があってもグチや不満などネガティブな言葉の輪には絶対に入らないこと**です。一度、この輪に入ると、Chapter 3で登場したBさんの「堂々巡り」のスパイラルに転落し、本当に運気がガタっと落ちます。

グチや不満の輪、堂々巡りのスパイラルに入ったら幸運はまずないと思ってください。投げかけられたら、例えば**「うーん（間を入れて）、でも、こういう見方もあるかな」**、と軽く受け止めるような余韻を残しながら、最後は陽転させるくらいの覚悟が必要です。そして、自分に向かって「キャンセル」と一声をかけてください。長くなりましたが、それだけこれは運を下げる行為だからです！

さらにグチや不満を聞くと、自律神経系は自分の事実として反応してしまいます。するとストレスを感じて体にも影響が出てきます。ですから、やはり**「君子危うきに近寄らず」**に限るのです心の「快」、健康のためにも、状況にかかわらず自分からいい言葉を循環させていきましょう！

参考にしてみよう

誰かにいいことが起きた場合↓「○○さん、おめでとう！」
グチや不満に対して↓「うーん（間）、でも、こういう見方もあるかな」
グチや不満を聞いたら↓「（自分に向けて最後に一言）キャンセル！」

一流の人に共通する言葉の習慣

ここまで先人や一流といわれる方々が、どのように言葉をとらえ、行動に表しているかをご紹介してきました。ここで一度その特徴を振り返ってみたいと思います。

□自分や他人を盛り上げる、乗せるのが上手
□何が起きても意識と感情を切り替える言葉を持っている。だからいつでも平

常心でいられる

□望む未来を信じ、セルフイメージを高める言葉を自分にかけられる

□相手が望む一言を贈り、いいコミュニケーションを築ける。人を安心させる。応援団がどんどん増える

□人の成功を祝う。使う言葉がポジティブ

□グチや不満の輪には絶対に入らない

このような一流の人の特徴をマネをして、自分とのいいコミュニケーションに磨きをかけてみませんか？　そうすることによって、人とのコミュニケーションもさらに磨かれていきます。

また、もう一つ付け加えたいことは、**一流といわれる方々は言葉と心（本音）と行動が一致している**ということです。

いかがでしょうか。皆さんは本音と言葉が一致していますか？　また、言葉と行動が一致していますか？　私はこのことを初めて聞いたとき、なるほどと目からうろこが落ちました。

皆さんも、本音、言葉、行動のうち、まず本音から分析をしてみてください。
そうすれば、残りは簡単につながっていきます。基本となる**本音から意識し、少しずつ言葉に出し、行動に移していくだけで、本当に気持ちは平常心でいられる**ものなのです。

まとめ

本音（心）と言葉と行動が一致しているか、意識してみよう
まずは本音（心）を分析してみよう

コラム

松下幸之助氏と言葉

日本が世界に誇る経営者の一人は松下電器産業、現パナソニックを創業した松下幸之助氏ではないでしょうか。1月1日から12月31日まで、一日一話読み切りの『松下幸之助一日一話』（ＰＨＰ研究所）から、抜粋したいと思います。

1月4日「はじめに言葉あり」

「はじめに言葉あり」という言葉がある。聖書の中にあるそうで、私は深い意味はよく知らないが、これは経営にもあてはまることではないかと思う。

つまり、経営者、指導者はまず、はじめに言葉を持たなくてはならない。いいかえれば、一つの発想をし、目標をみなに示すということである。（中略）しかし、最初に発想しそれを言葉にすることは経営者みずからがやらなくてはいけないと思う。そして、それは企業経営だけでなく、日本の国全体として望まれることであろう。

「はじめに言葉あり」とは、Chapter 2 で紹介した、聖書の中のヨハネによる福音書のことですね。

それにしても私が驚いたのは、正月の三ケ日が終わった翌日の仕事始めに当たる1月4日に、このような一話が載せられていることです。ちなみに、1月1日は「心あらたまる正月」、2日は「信念は偉大なことを成し遂げる」、3日は「不確実な時代はない」ですが、聖書のこの言葉が1月4日に出てくるなんて、本当に驚きました。

また、松下氏はこんな言葉も残されています。

「何か事を為そうと思ったら、一万回の祈りを捧げよ」

祈りとは思い。そして、その最小構成単位は言葉です。

私たちが思う以上に、こうした方々は「言葉の力」を知っていたのではないでしょうか。

CHAPTER 5

ブレークスルーのつかみ方

運気アップは「これでいいのだ！」から始まる

Chapter 1 から Chapter 4 まで、「言葉の力」の根拠や、先輩や先人たちの言葉の活用、習慣についてお話ししてきました。

本章では、皆さんの「現在」における「ブレークスルー」、つまり現状の突破、打開、または躍進が可能になるポイントについてお話をしようと思います。

具体的には、私のアメックス時代の体験を例にしながら、いくつかのエッセンスをお話ししていきますが、これはストレス、人間関係、モチベーション、目標達成、結果、キャリアゴール、人生の転機などに幅広く活用していただけるものと確信しています。

ところで、本書をここまでお読みいただいて、もしかしたら私のことを「言葉の使い手」と思われたかもしれません。

しかし、「言葉の力」を知る前の私は、一言で言うと「ズンドコＯＬ」でした。

成績が上がらない、その予兆もない。ミーティングで「いいから結果だけ報告して」といわれてひるむ、成績が出ないので気後れして、いつもオドオドしている。不安、緊張、ストレスがたまりすぎて、いつも緊張状態なのでたった一つの資料をつくるのにも時間がかかる。きっと無理と思って電話をするのでアポが取れない。商談に行っても気迫に欠けるのでまるで話が進まない。顔色は真っ青で、息も苦しくなり、しまいには病院を転々とする……。

セミナーやコーチングを受け、学校にも通ってスキルや知識を身につけても、一向に事態が変わる気配がない……。

これ以上は肯定的な言葉の範囲で表現するのが難しいのでこの辺にしますが。

この私の「ズンドコOL」時代に出合ったのが、運命の2冊の本、斎藤茂太先生の『いい言葉は、いい人生をつくる』と佐藤富雄先生の『愛されてお金持ちになる魔法の言葉』でした。

そして、今度こそ、これぞ「蜘蛛の糸」と信じて、食い入るようにこの2冊を読みました。

読後、大ざっぱながら感じたことは、言葉が器をつくり、人格、風格、品格、運をつくる、ということです。

さらに特段何か新しいことを始める必要はなく、新聞、メール、ニュース、人との会話・商談など、普段読み書き、聞き話す言葉を意識して肯定語に切り替えるだけで人生はガラッと変わるということを知りました。

「これだ！」と私は思いました。時間も費用もかからないこんなことで、運気まで上がるのならもうけものと思ったのです。

まず私が声に出して唱えた言葉は、「これでいいのだ！」です。

何をおいても、この「ズンドコOL」時代にたまった心の毒をデトックスしなければ、と私は思ったのです。

たった一言口に出しただけで、心が不安やストレスから解放され、明るい気持ちへと切り替わったのを覚えています。

また、何よりも、この一言で現状や自己肯定感を感じられたことが一番でした。「よし言葉には力がありそうだ」と実感し、「言葉で運を上げていくぞ」と、私はさらに2つのことを試してみました。

一つ目は、自分が使う言葉のチェックでした。

図⑥ 言葉のチェックリスト

肯定語		否定語	
ありがとう	□	すみません	□
大丈夫	□	不安だ	□
何とかなる	□	どうするのよ	□
いいね、いいね	□	またダメだ	□
よく頑張った	□	疲れた	□
今日もいい一日になる	□	今日もイヤだ	□
嬉しい	□	不平・不満	□
楽しい	□	つまらない	□
感謝しています	□	文句・悪口	□
それがいい	□	それでいいや	□
何とかします	□	できません	□
きっとうまくいく	□	きっとダメ	□
何とかなるさ	□	もうムリ	□
ついている	□	ついてない	□
いいことは長続きする	□	いいことは長続きしない	□
運がいい	□	運が悪い	□
幸せ	□	心配だ	□
これでいいのだ	□	もうダメだ	□
愛してます	□	恐れている	□
許します	□	許せない	□
人生はこれからだ	□	もう終わった	□

いかがでしょうか？　ここで再びChapter 3のAさんとBさんを例にしていきましょう。

例えば、チェックリストの肯定語に○が11個つけば、今あなたはAさんの開運のスパイラルと、Bさんの堂々巡りのスパイラルの両方の入口の前にいます。12個以上で開運のスパイラルに入っています。しかし、10個以下の場合は、完全に堂々巡りのスパイラルにいます。

ちなみに、当時の私は7個でした。かなり大きなショックを受けましたが、裏を返せば、これは〝Growth Opportunity〟、つまり成長余地が大きいことだと受けとめたのです。

「もし、言葉で運を落としているのなら、必ず言葉で取り返せるはずだ」と、気合を入れ直しました。

2つ目は具体的に読み書き、聞き話す言葉をどんどん肯定語に切り替えていくことをしました。

まず、新聞は経済面など必要な記事以外は、肯定的な内容の記事だけに絞って読みました。

次に意識したのは仕事や友人へ送るメールの内容です。

人間は一人で思考をする時間も長いですが、現代ではメールを書く時間もそれなりに長いと思われます。

例えばここで「すみません」を「ありがとうございます」に変えるだけでも、気持ちがかなり変わります。

さらに友人へのメールを練習台として、雨の日などには、「マイナスイオンの恵みの雨に感謝ですね」と書いてみたりしました。

このようにメールで練習を重ねると、自然に話す言葉にも肯定語が多くなっていきます。

またテレビもニュースなど必要なものや、肯定語の多い番組を選別しました。

このときは何気なくそうしたのですが、**言葉の「音」というものはとても影響が強く、非常に重要な要素だった**のです。

第一歩は、こんな日常的なことでしたが、これだけでかなり運気が上がったと思います。こういったことをひたすら続けていたら、前に一度だけお会いしたお客さまから突然お電話をいただいたりもしました。

そのお話の内容は「転職先の会社で貴社サービスの導入を検討したい」とのことでした。本当にうれしかった瞬間でした。

唱えてみよう

「これでいいのだ！」
「ありがとうございます！」
「大丈夫！」

「言葉ストック」は大きな財産

ある程度こういったことを続けてみてから、「素晴らしいですね」「お客さまは何を求めているのだろう」「ほかにも方法はある」のような生産的で肯定的な言葉と発想を瞬時に、そして無意識にできるといいなと、私は思うようになっていました。

仕事の現場では、いつも即断即決が求められます。ミーティングも、商談も、資料作成も、すべてがスポーツの試合のようなものです。そこでは立ち止まっている時間はありません。

また、市場規模がまだ小さく、既存市場の参入障壁も高い中で、市場開発や顧客開拓をしながら営業目標を達成するには、従来の考え方ややり方ではとても闘えない、勝てないと私は思ったのです。

そこで、日常的にやり始め考えたのが、「いいな」と思ったフレーズを携帯電話のメモ機能にストックすることでした。これを**「言葉ストック」**と呼んで、移動や通勤時間にチラっと見たり、声に出したり、さらには書籍を読んでいいなと思ったフレーズをどんどん加えていきました。

実は、何気なく始めたこの「言葉ストック」が、ものすごい力を発揮したのです。実際にストックした言葉をお見せしましょう。

■一寸先は光！　だから大丈夫！

■火事場のばか力は腕力ではなく、心の力のことである

■笑いと喜びがある限り、私は必ず成功する

■死んでない人にはまだチャンスがある！

■夢はその人の道を切り開いてくれる
■今日この一日を心からの愛をもって迎える。そして私は成功する
■今日、私は自分の価値を100倍にする
■私は今、ただちに行動する。善は急げ！

普段使う言葉が思考と反応のパターンをつくり、それがその人の器となり人格、風格、品格につながって運をつくります。この**思考と反応のパターンは「考え方」ともいいかえることができる**のですが、この**考え方こそが結果をつくり上げていく**のです。

視点を変えて、この考え方を自動車工場に例えてみると面白いと思います。人間にとっての「考え方」は、自動車工場の「生産システム」ということができるのではないでしょうか。ですから、肯定的な考え方を持つ人にはいい生産システムがつくられ、「カイゼン」も次々に重ねられ、その都度生産能力や品質がよくなります。

一方、否定的な考えを持つ人には「非生産システム」がつくられます。この非生産システムは、頑張っても、結果が出ることはありません。その上、「ハムス

ターの輪車」のように、努力しても行動しても、輪がクルクル回るだけで終わりがないものなのです。

おそらく、多くの人がいい考え方を「選択」したいと思います。しかし、いちばん大事なことは現場できちんと使えるようになることです。そのためには言葉の「音」がポイントになってきます。英語学習を例にしてみましょう。

英語の教科書などは音読をすればするほどスラスラと発音できるようになり、しまいには話せるようになります。

これは耳から学習することで、自動で思考し反応するように脳の下意識にプログラムされるからです。この下意識は音の影響を強く受ける性質があります。ですから、ただ読むよりも、声に出した方が上達が早いのです。

このような下意識の性質を利用している最たる例が、賛美歌や聖歌、さらにはお経だと思います。

また、オグ・マンディーノの名作で、商人心得のバイブルとよばれる『地上最強の商人』（日本経営合理化協会出版局）という本があります。

日本語版は、京セラ創業者、現日本航空代表取締役会長の稲盛和夫氏が監修しており、大手商社などの研修でも使われるそうですが、この本の特徴は、収録されているエピソード10話に対して、それぞれ暗誦文が付随しており、一話につき1カ月、合計10カ月をかけてこの暗誦文を音読をするといった内容になっている点です。

いい考え方を習慣化するために、高い対価を払ってオーディオプログラムなどを購入する方もいます。ちなみに数百万円するものもあるほどです。それだけ価値があるのでしょうし、投資に対するリターンもあるのでしょう。

しかし同じ効果は、いいえ、もしかしたらそれ以上の効果を「言葉ストック」で得ることができます。数百万円の費用もいりません。そしてストックを次々と増やしながら、あなたの生産システムにどんどん「カイゼン」を重ねたら……。

トヨタ自動車のように世界一になることも夢ではないかもしれません。

唱えてみよう

「私は必ず成功する」

「生きている限りチャンスはある」

「善は急げ！」

ビジネスパーソンの究極の秘密兵器

運動をして体からリフレッシュすると本当に気持ちいいですよね。皆さんは、日常的に運動をしていますか？　ゴルフやテニスをしたり、スポーツクラブで汗を流す方も多いと思います。

最近では、ジョギングやウォーキング、特に手軽に誰でもできるウォーキングへの関心が高まっており、愛好家でもある私はとってもうれしく思っています。

ところで、仕事をする限り、「ストレス」は切り離せないものです。しかし、心にストレスがあると実力を十分に発揮することはできません。また、ストレスは健康を損ねる原因となります。ストレスを感じることは、「不健康」という借金を重ねるようなものですから、ある日突然、返済を迫られることのないよう、短いサイクルで、できれば一日単位でストレスを解消することが大切です。エグゼクティブから大統領まで、忙しい方でも毎日の運動を欠かさないのは、このためではないでしょうか。

私も、アメックス社時代に競技ヨットをしていたので、自分は大丈夫、と安心していました。しかし、頻度はせいぜい週1回です。このため私は毎日、心のデトックスと体のメンテナンスをしようとウォーキングを始めたのです。

一日20分から始めたこの投資によって得たリターンは予想を超えるものでした。ストレス解消や、美容・健康だけでなく、脳からスケールアップして生まれ変わったようでした。私にとってウォーキングはストレスを消し、やりたいこと、やる気、能力、問題解決力、決断力、アイデア、ひらめきに火をつけるダイナマイトだったのです。

まさにウォーキングこそ、ビジネスパーソンの「最終秘密兵器」だと私は思っています。

初めて20分歩いてみた感想は、北京オリンピック男子水泳金メダリストの北島康介選手の言葉を借りると、まさに「超〜気持ちイイ！」でした。

私の場合、まず不安、緊張、ストレスが解消され、「うまくいかなかったら」「目標を達成できなかったら」と否定的なことを考えなくなりました。また、問題の解決策が次々に浮かぶようになって商談の進みが早くなりました。

さらに、いいアイデアが湧き上がり、提案書の内容が格段にアップしてクローズ、つまり商談を成約へとまとめるまでの期間が短くなったのです。でも、いちばんうれしかったのは、「会うたびに若返るね！」と人にいわれるようになったことです。

また、腰痛が治ったという管理職の方、人間関係のストレスから解放されたという人事担当者、論文のクオリティが高まったという大学教授、ビシビシと解決策を出せるようになったという経営コンサルタント、面白い作品のアイデアが出るようになったというクリエーターなど、ウォーキングの恩恵を受けている方は私の周りに本当にたくさんいます。

このほかにも、思い切って一日2時間歩いたことで、記憶力が飛躍的に向上し、司法試験に合格することができたという弁護士志望の方、直観力が鍛えられ決断が速くなったという経営者もいます。本当にいいことずくめ、歩くだけでこんなにも恩恵があるのです！

その秘密は、脳内の快楽ホルモンにあるのです。歩き始めて15分ほどで、心を爽快に導くβエンドルフィン、20分ほどでやる気のホルモン、ドーパミンが分泌されます。そして40分ほどでリラックスのホルモン、セロトニンが分泌されます。このセロトニンはストレス緩和にとても効果があり、またドーパミンでヤル気になった脳に程よいリラックスと集中をもたらすのです！

体が爽快になれば、心は「快」へと導かれます。そして、快楽ホルモンが「A10神経」を通り、記憶の脳である「海馬」が活性化され、記憶力がアップします。さらに、前頭連合野が活性化され、思考や想像力が鍛えられて解決策や、アイデア、夢、ひらめきがどんどんわき上がってきます。

それまで脳を、妄想、不安などネガティブなことに対して使ってきていた私……。

何てもったいないことをしてきたのだろう、とつくづく思い、「今までの分を取り返そう！」と空いた時間を見つけては、夢中になって歩きまくりました。

歩く時間帯は、快楽ホルモンの分泌が盛んな朝、60分から120分が理想的です。しかし、まずは効果を実感してみたい、という方もいるでしょう。そこで、提案するのが、テストマーケティングのように小さく始め、時間を延ばしていく方法です。お勧めのメニューは、通勤時間、昼休み、休日の活用です。

□通勤の行き、帰りに1駅から2駅、20分から45分
□昼休み 20分から45分
□朝出勤前に45分から60分
□休日に１２０分

私は昼休み20分コースから始めました。午前中に起きた問題の解決策が浮かんだり、午後の商談の段取りもでき、あまりに仕事がはかどるので、病みつきになってしまいました。

今では、毎朝日の出の時間帯に90分歩いています。海外出張のときも、ウォーキングシューズを持参して、暗い朝を一人でよく歩きました。

最初は一日20分から始めても、どこかで「損益分岐点」が必ずやって来ます。人からダメといわれても必ず歩きたくなります。

とにかく最初は無理をせず、とにかく快適に歩ける時間内で続けてみて下さい。

セロトニンが分泌される45分まで続けて歩くとリラックスと集中度が違ってく

るので、まずはこの辺りを目標にしていただければと思います。

もう一つお伝えしたいことがあります。それは気候や日昇時刻、安全面など、1年を通してコンスタントに朝のウォーキングに適した条件がそろう日本の環境は素晴らしい、ということです。

例えば、北欧。冬は昼間に4時間程度しか日が当たりません。北米や欧州北部では、秋から冬は午前8時ころやっと日が昇るといった具合です。インドや東南アジアは朝から熱く、歩くなんてとても体が持ちません……。もちろん安全面の問題などもあります。

「出勤前に太陽の光を浴びて歩ける」――、これは本当に恵まれたことなんです。私は現在、東京で本書を執筆していますが日本の気候はあらためて素晴らしいと感じています。

冬もウォーキングができる日本の気候は、世界一。本当にありがたいのです。

毎日、20分から60分程度の時間を工夫しながら、手軽にタダでできるウォーキングをぜひ試してみてください。

体のメンテナンス、美容健康、ストレス解消だけでなく、記憶力、思考力、想像力、ひらめき、決断力、直観力がアップするなど、期待を超えるリターンに、皆さんもきっと驚くと思います。

唱えてみよう

「心も体も気分爽快！」
「とってもいい気持ち」
「体調は絶好調！」

セルフイメージは自分で決めるもの

Chapter 4 では、「大丈夫、君はトップセールスになるよ」と上司がかけてくれた一言をきっかけに私はセルフイメージを変えることができ、本当にトップセールスになれたエピソードをお話ししました。

しかし、それまでの自分も一生懸命頑張っていたし、能力がなかったわけではないと思います。

かなりの自己投資をして営業のスキルを身につけ、MBAの知識も習得しています。1人で海外出張に出かけたり、女性3人で南インドを1カ月半旅行するなど度胸だって人並みにあったわけです。

それなのに、どうして「自分にふさわしい」セルフイメージを持っていなかったのでしょうか。答えは簡単です。一言で言うと、**「自分の未来を信じていなかった」**からです。

では、どうして自分の未来を信じていなかったのでしょうか？　答えは極めてシンプルです。自分が自分と思う姿、**つまりセルフイメージを他人の評価や、過去の記憶に委ねていたから**です。

人は相手に対するイメージをもつことで、相手を評価します。これを、英語では〝Estimation〟と呼びます。しかし、ここで考えてみましょう。評価の基準や根拠は一体何でしょう？　じつはここに2つの問題があるのです。

一つは、人は人生全体から見たら一瞬かもしれない相手とかかわる限られた期間の情報を基に、人を評価していることです。もう一つは、その情報が、結局は人の「思考や反応のパターン」というフィルターを通して処理されることです。人は誰でも〝バイアス〟と呼ばれる物事を解釈する際の「偏向」を持っています。

Chapter 3 を例にすると、無理難題を突きつけたお客さまに対し、Aさんは「契約してくださった有難いお客さま」と評価しています。一方、Bさんは「またうるさいことをいう嫌な客」と評価しています。このように、**人の評価とは非常に曖昧なものであり実態がないもの**なのです。

しかし、そんなとてもあいまいで実態のない「人の評価する自分」を、そのままセルフイメージにしてしまうケースは非常によくあります。もし、現在のセルフイメージに違和感を覚えるのなら、そうした評価に自分を委ねている可能性が高いでしょう。

それならば、自己満足でもいいので、独断で、わがままに、思いっきり気の済むようなセルフイメージを皆さんには持ってほしいと思います。

自分の一番の味方は何といっても自分自身なのですから。

また、人は自分の過去の記憶を基に、セルフイメージをつくり上げてしまいます。じつはこの記憶も公平性に欠け、また非常にあいまいなものなのです。

これは人間の「情動」に関係する分野なのですが、否定的な出来事の方は記憶に残りやすく、肯定的な出来事に比べると倍のインパクトがあるという学説もあるほどなのです。

例えば、子供のころ、家族と出かけて一日を楽しく過ごしたのに、家に戻ってから大切にしたぬいぐるみをどこかに忘れてきてしまったことに気づいたとします。

このときに、記憶に残りやすいのは、ぬいぐるみを失くした悲しさで、そのインパクトは一日過ごした楽しい時間のことを忘れてしまうくらいというものです。

ですから、皆さんが新しいセルフイメージを描くときは、ぜひ「未来」、つまり「これからの自分」を想像してほしい、と思います。

また、いちばん大事なことは、新しいセルフイメージを描いたら、何があろうと崩さないことです。他人はいろんなことをいいます。そんなときに私が口にしていた一言は、**「セルフイメージは自分自身が決める！」**でした。

決して他人の評価や過去の記憶に引きずられないことを強く意識していたので

す。

とにかく皆さんがセルフイメージを描くときは、思いっきり気の済むまで大風呂敷を広げてみてください。

そしてストンとふに落ちたところが、なりたい自分、つまり新たなセルフイメージです。

ここでふに落ちたのなら、必ずやなりたい自分になることができます！

唱えてみよう

「何であってもリミットはない！」
「人生はどんどんうまくいく！」
「自分の将来は輝いている」

想像体験でジャンプ！

セルフイメージを高めることと並行して、目標やゴールを具体的に想像体験化していくと、相乗効果が生まれて両方がうまくいきます。

そこで、私は営業目標を達成して、「あなたと会えてよかった！」と声をかけてくださるお客さまの温かい笑顔、「よかったね」と、驚きながらいたわってくれる上司の表情、「前人未踏の目標を達成する日が来るなんて！」と上気するような自分の気持ちをどんどん想像体験化していきました。

さらに、自分がいつか見るであろう光景を映像化し、感じるであろう感情や感触を文章に表現すると、心の奥底にそれらはグッと入り込んできます。

特に、文章化することによって、感情や情動が動いたら、人間は「どうにも止まらなくなる」のです。

私もアメックスに勤務しているときに、この文章化の作業をしていて、「成功は目前！」とすっかりその気になり、感極まったのを今でも覚えています。

また、「最後は絶対ハッピーエンド！」と思い込むようになり、本当に何が起きても揺るがず、モノともしなくなっていたくらいです。

こうなったらもう怖いものなしです。

そして、これこそ人間の「火事場のばか力」というものです。まず想像体験によって「側坐核」のスイッチが入ります。これによって「未来」を信じきった状態がつくられ、下意識の力がフルに発揮されるのです。

かつてはメソメソして顔を真っ青にしていた同じ人間がです。

それは例えると、つり橋の入り口で、下を見て「コワい、ムリ」とブルブル震えていた人が、ゲームソフト「スーパーマリオブラザーズ」のマリオのように、ジャンプを始めたかのように豹変《ひょうへん》した瞬間です。

こうして火事場のばか力を発揮すると、問題が起きても「これでいいのだ！」と、感情を引きずることもなくたんたんと解決します。同僚が仕事で成功したら真っ先に「おめでとうございます！」と声をかけ、また「ありがとう」や褒め言葉をどんどん人にいいたくなります。

人から嫌なことをいわれても、まったく気にもならず、お客さまから苦情をいただいても「ご契約をいただいたからこそ苦情をいただける。ありがたい」と自動的に感謝の気持ちがわき上がってきます。

表情、目の輝きなど非言語のコミュニケーションや、雰囲気、空気、オーラも変わってきます。周囲からの協力がさらに増えて、全世界から応援がやって来るといった感じです。苦労したアポイントもどんどん入り、商談のスピードもアップしました。提案資料も簡潔になり、商談が面白いようにまとまるようになりました。また、一度ご契約をいただいた企業から、次々に別のサービスのご契約ももらえるようになりましたし、関連企業へのご紹介をいただくことも多くなっていきました。

さらに、数年前にご提案をした企業から、「御社のサービスを導入させてください」とうれしい連絡をいただくこともあり、本当に驚くことの連続でした。

そして、気がつくと、アッという間に、年度スタートから4カ月で、営業目標の20億円をクリアしてしまったのです。

スポーツ心理学では、プレーに集中する絶頂感の中で自然にいいプレーが生まれる精神状態のことを、**「才能の横溢《おういつ》」**というそうです。私も当時その状態にあったと思います。訪問、商談、提案、クローズ、ご契約手続き、導入、アフターフォローなど仕事量はかなり増えていたはずなのですが、つらい記憶はほとんどないのです。

まるで台風の目の中にいるように、心静かにリラックスしていましたし、実際に労働時間は3割も少なくなったのですから、不思議なことだと思います。

ところで、本書を執筆しながら思い出したことがあります。それは当時、意識せずに2つの「強力な兵器」を使っていたことです。

一つは、眠りの前の**「捕らぬたぬきの皮算用ノート」**です。眠る前に、ほくそ笑みながら、「A社○○億円、B社○億円、C社○億円点……、やった！」とノートに書いて、捕らぬたぬきの皮算用をしていました。

何か効果があると思ってやっていたわけではなく、楽しくて止まらなかっただけなのですが、じつはこの**「眠る前」**にポイントがあったのです。

眠りにつく前というのは、顕在意識がOFFに切り替わる瞬間であり、直接下意識に働きかけるのに最適な時間帯であるということです。これはセルフイメージづくりに強力な効果がありました。

もう一つは**「RAS（脳を包み込む毬状《きゅうじょう》神経組織）」**という脳の外部情報制御機能を、意識せずに最大限有効活用していたことです。

人間の脳は、外部から入る情報をすべて処理してフル稼働すると、原子炉数基分のエネルギーを消費してしまうのだそうですが、通常はあらかじめ情報を絞り、省エネモードで稼働しているといわれます。

では何を基に情報を絞るかというと、「普段考えていることや使っている言葉」に対してです。

つまり、肯定的な言葉を使っていると、肯定的な情報だけが入り、否定的な言葉を使っていると、否定的な情報だけが意識されて頭に入ってくるという仕組みです。

簡単な話、Chapter 3 で登場したAさんのようにいい言葉を使っていれば、開運スパイラルをぐんぐん上昇していきます。

一方、Bさんのように、一度でも否定的な言葉を使うと、ますます負のスパイラルにはまってしまうのです。

普段使う肯定的な言葉、肯定的な考え方、想像体験、「捕らぬたぬきの皮算用ノート」がこうして肯定的な情報だけを集めるのに役に立っていたなんて、本当に驚いてしまいます。

こうした誰でも備わっている脳の性質や機能を活用しないということは、本当にもったいないことだと思います。

どうしたって人生は一度きりなのですから。

唱えてみよう

「すごい、すごい！」
「素晴らしいことばかりが起きる！」
「さらにいいことが待っている」

思い切って遊ぶ！

ここまで、ブレークスルーへのいくつかのエッセンスについてお話ししてきました。

私も、「言葉の力」を知るまでは、運は天体の動きで決まるもの、つまりコントロールすることのできないものであるかのように思っていました。でも、たかだか言葉一つで、人の器が形成され、人格・風格・品格、そして運までつくれると思うと希望が出てきませんか？

ここで、ブレークスルーまでのプロセスを振り返ってみましょう。

・「これでいいのだ！」の一言で、心のデトックスとリフレッシュをした。また言葉で運気を取り返せる！　と、読み書き聞き話す言葉を肯定語に切り替えたことで、運気がアップし始めた

・「言葉のストック」を始め、さらにそれらを声に出し、いい考え方、つまり「生産システム」をつくり、楽しみながら「カイゼン」をしていった

・ウォーキングによって不安・緊張・ストレスのない心の「快」と健康を手に入れた。さらに「今まで使っていなかった脳が活性化」されて、仕事の生産性、創造性、幸福感のアップにまでつながった

・目標にふさわしいセルフイメージをつくり、またセルフイメージは「自分自身」が決めるもの、と決意して何があっても崩さなかった

・想像体験によってモチベーションの「側坐核」のスイッチが入り、「火事場のばか力」を発揮した。眠りの前のゴールデンタイムや、「ＲＡＳ」を最大限活用していた

こうしてあらためて見ると、**ブレークスルーを含め、望む結果を得ることは「サ**

イエンス」なのだ、とつくづく思います。

今までお話ししてきたこれらのエッセンスのどこかに、皆さんの問題解決の鍵があることを心から願っています。


そして最後にもう一つ、お勧めしたいことは「体を使って遊ぶ」ことです。

皆さんは休日にしっかり遊んでいますか？

実際私は、休日にしっかり体を動かして遊ぶようにしたら、いろいろなことがうまくいくようになりました。真冬に競技ヨットを始めたところ、大波にドキドキしたり、本当に沈没、つまりひっくり返って恐い思いをしたり、湘南の海の香りや、富士山に沈む夕日に感動したり……そんなことが脳に最高の栄養になったと思っています。

こうした、**体の爽快感や心の感動体験は、脳をイキイキとさせてくれます**。

世界的な経営コンサルタントである大前研一氏は、一年分の遊びの計画を立ててから、仕事の予定を入れるそうです。初めてこれを聞いたときには、「私にはそんな勇気は持てない」と思いましたが、今はそのことを理解することができます。

体を使った遊びは、心を「快」の状態にし、βエンドルフィンなどの快楽ホルモンが「A10神経」を通って、記憶の脳の「海馬」や、思考と想像の部位である、前頭連合野を活性化するといいます。

簡単にいえば脳を超ゴキゲンにし、また「考え方」という生産システムの究極の「カイゼン」にもなるのです！　ですから、見方を変えると、**遊びも仕事の一部といえるのではないでしょうか**。

ところで、皆さんの卒業した小学校に「二宮尊徳」の像はありましたか？

私の卒業した小学校には二宮尊徳像があり、道徳の時間には「努力が大事ですよ」と教えられました。努力や勤勉の概念は、日本人が誇るべきことの一つであり、国際競争力の源泉であると思っています。

また、国がモチベーションを与えようとしなくても、コツコツとまじめに努力する日本人の資質は本当に素晴らしく、世界一であると思っています。

しかし、私の場合は「努力をしたらうまくいく」という考え方を身に付ける中で、単に**努力だけが目的になってしまっていた**のです。

このため、**「うまくいく、それに至る道が努力」と順番を変えて考えるようにしたら、驚くほどストレスなく仕事がうまく回り始めるようになりました**。また、「うまくいく！」という考え方を、生産システムとすると、対する「努力」が目的になってしまった考え方は、残念ながら「家内制手工業」レベルといわざるを得ません。この場合は大きな夢を持つほど、ギャップに苦しみ、ストレスが増えていきます。

とても大事なことなので、最後に「考え方」、つまり思考と反応のパターンには大きく3つのタイプがあることを整理しておきます。

・「どうせダメ」と考える → だからハムスターの輪車のように、努力しても結果にならない
・家内制手工業「努力すればうまくいく」と考える → 努力が目的になると、ストレスで体を壊しやすい。言い換えると「積極思考」
・生産システム「うまくいく、それに至る道が努力」、「うまくいったらどうしよう」とワクワクしながら考える → 精神的にムリがないので自然に高みへ至る

ことができる。努力とも思わず楽しむ心境になれる。言い換えると「楽天思考」

ぜひ「うまくいったらどうしよう」の心意気で、快適に今を生き、自然に高みへとつながっていくような、「楽天思考」で過ごしてみてください。

唱えてみよう

「遊びも仕事のうち」
「きっとうまくいく！」
「明日もきっといい日になる」

コラム

ヴィクトール・フランクル博士

困難な状況を乗り切るとき、この人ならどうするだろう、と思えるような尊敬する人や上司、先輩はいますか？　そうした方の言動を想像してみることは、困難な状況を打開するために最も有効なメソッドの一つなのだそうです。

私にとって、尊敬する人の一人は、オーストリアの精神科医、故ヴィクトール・E・フランクル博士です。

フランクル博士は、第二次世界大戦当時ユダヤ人強制収容所に収監され、奇跡的な生還を果たしました。また、「ロゴセラピー」というユニークな言語療法を確立し、博士の業績は戦後、高く評価されました。その理由は、生存の可能性が極めて低いアウシュビッツという過酷な状況下で、「どうして耐え忍ぶことができ」「どうして自分の未来を信じることができたのか」について、明確な答えをもっていたからです。

『宿命を超えて、自己を超えて』（春秋社）より、1980年2月24日、ウィーンのヨーゼフシュタット劇場でのフランクル博士の講演の内容を抜粋します。

そんな時私はあるトリックにすがりました。私は1945年の強制収容所のそんな状況の中で想像してみたのです。私は講演用の見台の前に立っていて講演をしているんだ、たとえば「一心理学者の強制収容所体験」というような題で講演をしているんだ、大きく、きれいで、明るい照明の、そしてなによりも暖房のよくきいたホールで講演している。聴衆は興味をもって耳をすましている、と。また私はこう想像したのです。いまこの瞬間に実際に切り抜けなければならないこの現実について、その講演の中で話しているんだ、と。（中略）みなさん、信じてください。当時は実際に講演の中でその体験について話ができると思わせる要素はなにもありませんでした。それを否定する要素ばかりでした。おまけに、世界中で一番すばらしいホールで、それからこんな立派なお客様の前で話すことができるなんて思いもよりませんでした。ありがとうございました。

この博士の言葉からは、私は人間の力、思いの力、言葉の力、そして生命の力を感じずにはいられません。

乗り越える壁があるとき、この博士の講演を思い出すと、まだまだ自分は力を出せる、と思えるのも不思議ではありません。

CHAPTER 6

言葉はあらゆる事象を好転させる

成功と幸せのための世界標準スキルとは？

ここまで本書を読んでくださった方の中には、ちょっとしたことに気づいたり、思い起こしたりなど、何らかの意識の変化が始まっている方もいるのではないでしょうか。

最終章となるこの Chapter では、「言葉の力」を活用していくコツやヒントを交じえながら、本書のまとめとしていきたいと思います。

Chapter 1 から Chapter 5 までの、概要、理論、標準的な活用方法、一流の方の習慣、自身のブレークスルー体験を通してお伝えしたいことは、大きくわけると次の3つになります。

・言葉には力があり、それは仕事や物事の結果を決定づけるマインドをも動かすということ

・マインドは主に、脳の前頭連合野が司る思考や想像、心、そして下意識の3つ

の領域にわかれていて、「言葉の力」でこれらをうまく連動させることが目標達成の鍵となること

・これらの3つの領域に働きかけながら、すべてを上手に連動させる標準的な言葉の活用方法は本当に存在するということ

つまり、**「肯定的な言葉を使う」という極めて簡単な習慣であっても、じつはマインドを安定させて快適に行動するためには不可欠な行為**であり、**これができて初めてスキルや知識などの実力と、努力や行動を「成果」として結びつけられる**ということです。

仕事は、問題、課題解決の連続です。**どんな状況においても、マインドを安定させて快適に行動できるかどうかで命運が決まる**といっても過言ではありません。

このように、自分を励ましモチベーションがわき上がる言葉をかけることができる能力を**「ライフスキル」**と呼びます。

そして、このライフスキルを活用すると、もてる実力をフルに発揮することができるようになります。

またビジョン、すなわち望む結果や理想的な自分の最終形を明確にすることから、他人とのいいコミュニケーションを築くこともできるようになります。

もちろん、このライフスキルは、問題や課題解決、ブレークスルー、人間関係、結果を出す、キャリアゴール、転機を乗り越えるなど、さまざまな局面に援用することができます。

また、仕事に限らず、家庭、恋愛・結婚、お金・経済などについても幅広く生かすことすらさえ可能です。

成功者とは、この「ライフスキル」によって、人や組織を動かす言葉を与え、理想となる未来像をイメージさせ、周囲とともに現実化してきた人たちだと私は思っています。

「リーダーシップ」にしても、人を励まし、動かす一言をかけることから始まるのですから。

Chapter 4 でも紹介した、松下幸之助氏の言葉を集めた、1年読みきりの『松下幸之助一日一話』（PHP研究所）でも、「はじめに言葉あり」という一話が正月休みが終わり仕事が始まる1月4日に載せられています。

また、Chapter 2 でご紹介したヨハネによる福音書は、「はじめに言葉があった」のフレーズから始まっています。

松下幸之助氏がこの言葉を仕事始めの日に持ってきたことは偶然ではないと私は思います。

また、古代ローマ帝国の政治家、ユリウス・カエサルの「賽《さい》は投げられた」を始め、世界の賢人たちの言葉というものが、2000年の時を超えて、なぜ語り継がれてきたのでしょう？

それは**言葉が人に力を与えてきた**からではないでしょうか。

このライフスキルは、成功者に共通するスキルでもあり、世界で最も素晴らしい財産の一つでもあります。

それが肯定的な言葉を使う、という世界一やさしい日常的な習慣で手に入るとしたら……。

まさに、学校、職場やビジネススクールでも教えてくれない「秘伝」、すなわち成功や幸せへの世界標準スキルだと私は思います。

感情と向き合うと運気はアップする！

そうはいってても仕事や日常生活には、コントロール不能の事態も多く、頭を悩まされることも多々あることでしょう。

例えば、過去の事実や、自己肯定感を奪うような人間関係、想定外の出来事などです。

Chapter 3 で紹介した、「これでいいのだ！」に代表される気持ちを切り替える一言を口にしても、何となくスッキリしないときは、気負わずに、少しだけ物事のいい面にも意識を向けるようにし、そこから肯定的な解釈も選択肢として広げるくらいの時間をかけた心の切り替えが必要になってきます。

しかし、どうしても、気が重い、先に進めないと感じる場合もあることでしょう。そういう時は、じつはそこに「感情」が深くかかわっているのです。

こんなときは「思考」と「感情」を分けて、個別に対応することがとても重要です。

というのも、思考では素早く切り替えて、先へと進みたいと思っても、感情、つまり、心では、悲しいものは悲しいのであり、その気持ちを受け止めてほしいと思っているからなのです。

ですから、先に進もうと思うほど、「精神的な分裂状態」、つまり思考と心のギャップに苦しむことになりかねません。

こんなときは、まず物事のいい面に少しだけ意識を向けるようにし、その次に肯定的な解釈もあると考えてみましょう。

そして、**そこで初めて心の声を受け止めてあげる**のです。

そうすれば「大丈夫」「自分は進んでいる」という安心感を得ることができます。

この手法は、心理学では**「リフレーミング」**と呼ばれるものです。

しかし、これまでは物事のいい面に意識を向ける、という点だけが強調され、思考と感情を分けて対応するという最も大事な点は、残念ながら一般には広く知られていないようです。

自分の心を受け止めるときは、泣いている赤ちゃんを笑わせるように自分を励ますのです。

最後には、しっかり心の声を受け止めて、ユーモアを持って共感し、あやして、褒めて、楽しませて、励ますようにします。

そのためには**「自分への手紙を書く」**という行為がかなり有効です。

これは「うんうん、わかる、わかる」「いいね、いいね、さあ、クールダウン」「君ならできるよ、このチャンスを生かそうよ」「何とかなるからやってみよう」など、心に響くフレーズを入れながら自分に手紙を書いてみる方法です。


楽天代表取締役会長兼社長の三木谷浩史氏は、**「ピンチの時は自分の中に第三人格を作れ」**とその著作の中で述べています。手紙を書くことで、まさにこの第三人格をつくることができるのです。

また、こうした言葉を声に出すことや、同じような状況にいる人を励ますことで自分を励ますことができる人もいます。

大事なことは、**ピンチのときに「第三人格」をつくって、客観的に自分を受け止め、そして励ますこと**。

「自分への手紙を書く」以外のいかなる方法であっても、皆さんにとって快適な方法ならば、それがベストだと思います。

やがて心が落ち着いて、笑顔が出るまでになると、脳内にβエンドルフィンなどの快楽ホルモンが分泌されて、心の「快」を取り戻すことができるようになります。

また、この快楽ホルモンは想像や思考を司る部位である前頭連合野をも活性化しますので、「次はこうやってみよう」と事態を俯瞰《ふかん》して、同時に反省や分析をする余裕も生まれてきます。

またこの瞬間に解決策を思いつくようなこともあります。

また、ピンチを招いた人などに対しても、まずは**「許します」**と一言声に出すだけでも、心の詰まりを手放すことができ、気分的な効果が感じられるものです。ぜひ試してみてください。

ピンチのときは、まず肯定的な解釈の選択肢も広げてみる。そして、その次に焦らずじっくりと自分の心の声を受け止めてあげてください。

次のような言葉だけでも心を安定させる効果があります。

唱えてみよう

「いいじゃない」

「うん、わかるわかる」

「許します」

いい言葉がいい結果を生む本当の理由

皆さんは、日々の仕事でどれだけの人と顔を合わせますか？

まずは、お客さま、取引先、同僚、上司、他部署や社内の方々でしょうか。その先には、お客さまのお客さまであるエンドユーザー、仕入れ先、自社の商品やサービスを開発する同僚、現場でお客さまにサービスを提供するスタッフがいると思います。

歴史を遡れば、自社商品やサービスを気に入ってくださった最初のお客さま、会社の創業者やそれを支えてきた社員の方々などなど。

このように考えると、社会は本当に多くの人によって回っているのだなと思いますし、それであるが故に、人との関係やご縁というものは本当に大事にしていきたいといつも思います。

中でも特に私が大切にしていることがあります。

それは、相手の**「自己肯定感」**です。

なぜなら、人が求めるものや、行動の起点の多くには、この自己肯定感があるからです。

まず相手の自己肯定感を大切にするよう意識したら、人間関係の大方の問題はほとんど解決するのではないでしょうか。

このように考えると、**「自分や人を褒める」「褒めてくれる人とかかわる」ことは本当に価値のあること**ではないでしょうか。

逆を考えれば、人の批判や中傷に加わる行為は、自分や他人の自己肯定感を奪う結果となり、それはすなわちアッという間に自分の運気を落とすことになるでしょう。

人は相手の自己肯定感を大事にしようと意識すると、そうした行為の基本とな

る「自分への肯定感」を大事にしようとするものです。

するとどのような変化が起きるのでしょうか？

自己肯定感を大事にすると、自分は一体何者で、そしてどこへ行きたいのか、という二つの重要な問いに明確な答えを出せるようになるのです。

そして、この答えは、皆さんを自信にあふれさせ、幸福度や満足度いっぱいの時間を約束してくれることでしょう。

相手の自己肯定感を大事にすること、それはすなわち自分の肯定感を大事にすることにつながり、さらには巡り巡って、自分に自信や幸せ、喜びといった素晴らしい産物をもたらしてくれる行為なのです。

唱えてみよう

「私はあなた（自分）を誇りに思います」

「好きです」

「本当にありがとう」

日本に生まれたという幸運

皆さんは普段、日本の素晴らしさを意識することはありますか?

かくいう私も、昔は意識することもなく、お恥ずかしい話ですが、気づくことさえなかったように思います。

しかし、勉強や仕事を通して、海外から日本を意識する機会に恵まれるようになり、「日本に生まれたことが、どれだけ幸運なことであるか」に気づくようになりました。

未来像を描く上で、生活の場である日本の美点を見ることは、とても大切なことです。

未知の日本のよさもまだまだあると思いますが、ここで日本の美点を「言葉」化してみたいと思います。

まずは気候です。特に東京の気候は素晴らしく、春、秋の清涼感、そして暖かい冬は天国ではないかと思います。

次に、平和と安全面。先進国でも、いつテロに遭遇するのかと緊張感が漂う国際空港があります。通路が小さなチューブ状にできていて、何かあったら本当に終わりだな、と覚悟するような空港もありました。日本の空港に漂うのは、楽しさいっぱいの雰囲気ではないでしょうか。

また、道を歩くときに、地雷を踏む恐怖を感じることもありません。本当にありがたいことだと思います。

そして、世界に誇れる日本の強さは、科学技術と、トヨタ自動車、ホンダ、ソニー、パナソニック、キヤノンなどに代表される製造業の強さだと思います。

これら製造業各社は海外で現地経済や各国のＧＤＰ（国内総生産）にかなり大きく貢献しています。

あるビジネススクールの試算によると、こうして外国統計に反映された生産額を含め、世界連結にして計算した日本企業の「世界連結総生産」は現在でも大きく伸びているのだそうです。

しかし、最も素晴らしいと感じるのは「人」です。「美」「謙虚」「礼節」「感謝」という言葉がこれほど似合う人種はいないとさえ思います。

こうして見ると、**「日本という国は資産の山、宝の山」**だとつくづく思います。

また、これからは世界で活躍する、という選択肢もあります。世界のどこかにあなたを必要とする国があるかもしれません。

日本人にとっては想像しにくい概念かもしれませんが、英語を母国語とする人たちは北米、英国、大陸欧州、豪州と英語圏をまたにかけてキャリアアップする人が非常に多く、さらには華僑のように世界中どこであろうと出かけて商売をする人たちも多くいます。

欧州ではスウェーデンを始めとする北欧、オランダやベルギー、アジアでは韓国などの国内市場が小さい国では、子供たちにスパルタ教育で英語を学ばせ、多くの人材が市場や雇用を求めて世界へ飛び出していくのです。

人口が一億人以上いて、国内市場が大きい、つまりお客さまやビジネスチャンスが国内にも十分ある、こういった選択肢をもっている日本という国は、かなり恵まれた国なのです。

ウィーン生まれの経営学者であるピーター・ドラッガーが、著書『イノベーションと企業家精神』（ダイヤモンド社）において、繰り返し社会的イノベーションの成功例として大絶賛している国、日本。

地理的に、そして歴史的に、視点を広げてみると、本当に日本に生まれたことは幸運なことだと私は思います。

繰り返しますが、私たちは本当に恵まれているのです。

言葉のエネルギードリンク集

ここまで、いろいろなことを書いてきましたが、最もお伝えしたいことはとどのつまり**「いい言葉をどんどん使いましょう！」**ということです。

そこで心のエネルギーになる言葉を、ここに集めてみました。できれば実際に唱えてみてください。

◆幸せになれる言葉
†素晴らしいですね

†お父さん、お母さん、ありがとうございます
†今日はいい一日になるぞ！
†（笑顔で）おはようございます
†うれしい、楽しい、感謝しています
†愛してます
†幸せだ
†心にはたくさんの財宝がある

◆楽天的になれる言葉

†運は天にあり。ぼた餅は棚にあり。花より団子、夢にぼた餅
†笑うことは、最も簡単な成功法
†Don't worry, Be happy!
†ほがらか、ほがらか、笑福万来
†私はいつも運がいい。ツイてる、ツイてる
†未来はますます開けていく！　人生これからが黄金期
†成功という食事を楽しむためには、喜びというワインがなければならないし、笑いというサービスが必要である

◆リラックス&リフレッシュできる言葉

†ありがとう、ありがとう、ありがとう

†大丈夫、大丈夫、大丈夫

†リラックス、リラックス

†天使が飛べるのは、気を楽にもっているからだ

†なんくるないさ

†百年たったら墓の中

†大切なことはどれだけ心を込めたかです

†今日、この日を心からの愛をもって迎える

◆自信がつく言葉

†大丈夫、必ずうまくいく!

†強気になるには強気のフリをするだけ

†君ならできるよ。チャンスを生かそうよ

†自分自身にこそ、あばたもえくぼで接しなさい

†小さなことを褒めよう。同じことを何度でも褒めよう

†小さな成功を励みにできる人こそ成功する

†私はうまくいく。なぜならこの世で唯一の存在なのだから
†私はできる。私は魅力的。私には能力がある
†できる思い込みもできない思い込みも強さは同じ

◆仕事ができる人になれる言葉

†一流の人には一流の仕事が舞い込んでくる
†これだけの力があれば、引っぱりダコ
†私ならできる。必ずいい結果になる
†てきぱきてきぱき、すぐやるすぐやる
†シェークスピアになるにはシェークスピアたる思考を
†お任せください！　バッチリです！
†世界から呼ばれるかもしれない、丁寧に！
†仕事は楽しい。成長するために仕事をしている。そしてお金をいただけるなんてなお素晴らしい

◆夢をかなえる言葉

†今のままでは今のまま
†二兎を追うものは二兎得る

† 宇宙に衝撃を与えてやる！
† 想像力は知識よりも力がある
† 人生における成功とはなりたいものになるということである
† 世界を変えるチャンスをモノにしたいか？
† イノベーションは研究開発費をいくらもっていることとは無関係
† 挑戦者だけが成功者になれる

◆エラーの逆転、ブレークスルーをもたらす言葉

† 解決できない問題は起きない
† 私に起きることはすべてプラスのことである
† 解決は途方もない方角からやって来る。必ずできる
† あらゆる出来事のいい面に目を向ける習慣は年間1000ポンドの所得より価値がある
† 今日私は新しい人生を始める
† 失敗の頻度は成功の高さと比例する
† ノーと言われるたび、イエスという声に近づく
† 人生におけるさまざまな難関は成功のための絶好の機会である

†問題、失望、心痛などは姿を変えたラッキーチャンスなのである

◆人間関係

†褒められる人よりも、褒める人こそ賢者

†私は素晴らしい人に囲まれている！

†私は誰からも好かれる

†許します

†人生はブーメラン。投げたものがそのまま返ってくる

†人と話すときは、相手のことを話題にせよ。そうすれば何時間でもこちらの話を聞いてくれる

これらの言葉を唱えるだけでも、肩の力が抜けたり、勇気や希望が湧いたり、心に爽快感があふれてきたりしませんか？

それこそが「言葉の力」のエネルギーなんです。

自信をもって、楽しく、そして「何が起きてもピース！」

皆さんは普段、脳を何に対して使っていると思いますか？

不安、心配や妄想に対してでしょうか？　それとも、望む結果、未来像や楽しいことでしょうか？

ちなみに**「不安や心配ごとの80％は起きない」**という面白い学説があります。これはつまり、心に抱く不安のうち、実際に起こるのはせいぜい20％ということです。

また皆さんが一日のうち、不安について5時間、未来像について5時間考えているとします。

先の学説に従って、不安に費やす時間の80％を、楽しいことを考える時間に変えてみたとすると、不安を考える時間は1時間、望む結果に集中する時間は9時間となります。

これはつまり、**思考の意識をほんの少し変えるだけで、今よりも1・8倍充実した時間を送ることができる**ということを表しているのです！

話は少し変わりますが、大きく分けると世の中には2つのタイプの人がいると思います。

一つは**「ホモサピエンス型」**、つまり移住型タイプ。

このタイプは肯定的な言葉を使い、楽天的に考え、今と未来に目を向けて世界中を行動します。

また、人に何かを与えることも多く言葉を介して、人といいコミュニケーションを築きます。

もう一つは、**「北京原人型」**、つまり定住型タイプ。

否定的な言葉を使い、悲観的に難しく考え、過去をよく振り返ります。

また、人から何かを奪うことも多く、他人といいコミュニケーションを築くことがほとんどできません。

世の中の変化に対応できて生き延びられるのは、一体どちらのタイプでしょうか？

そして、皆さんは自分のことをどちらのタイプだと思いますか？

前述の経営学者ピーター・ドラッガーによれば、変化とはエネルギーのことなのだそうです。

肯定的な言葉を使い、楽天的に考えるホモサピエンス型は、フォード自動車を創業したヘンリー・フォードのように**「想像できることなら、どんなことでもできる」**と言葉に出してどんどん行動するタイプであると私は思います。

ですから、このタイプは**変化というエネルギーの波に乗り、生き残るだけでなく、どんどん夢をかなえていきます**。

一方、北京原人型は否定的な言葉を使い、悲観的に難しく考えて「もうダメだ」と最後はあきらめてしまいます。

人に何かを与えるどころか、奪うことをし、変化の波にも乗れず、時代に取り残され、そして絶滅してしまいます。

しかし、どんな状況にあったとしても、心と行動を一致させ、自分を励ます言葉をかけるライフスキルを活用するのならば……。

必ずやセルフイメージを自由に描き、人格、風格、品格を高め、運気までうなぎ昇りで上がっていくことでしょう。さらにはどんな変化もエネルギーに変えて乗り越えていくこともできることでしょう。想像したことを実現することもきっとできるはずです。

そう、なぜならば私たちはホモサピエンスの子孫だからです。北京原人たちが絶滅する中で、数回の氷河期すら耐えて生き残った、つまり最強の「勝ち組」なのですから。

壮絶な環境を生き残り、勝ち残る中で蓄積したエッセンスや英知が、遺伝情報として、私たちの遺伝子にも受け継がれていることを忘れてはなりません。

肯定的で楽天的な言葉のエネルギーによって、この生き残りの遺伝情報はＯＮになるといいます。

現在のように、住居、暖房、衣服や十分な食物もない環境で氷河期を生き残ったホモサピエンスの遺伝情報が私たちにはついている――。

こう考えたら、「一騎当千」と思えてきませんか？

さらに、不可能なことは一つもない、と心強い気持ちにさえなってきませんか？

成功者の三つの条件は、自己肯定感、人が好き、そして楽天的であることだといいます。

遊び心を忘れず、いつも楽しみながら、どんどん肯定的な言葉を使っていきましょう！

私たちは、人間だけに与えられた言葉を通して、自分自身や他人とのコミュニケーションを選択することができるのです。そして、この選択こそが私たちの命運をわけていきます。

「世界一やさしい習慣」を活用すれば、ますます素晴らしいことが広がると私は確信しています。

大丈夫、必ずうまくいく！　未来はますます開けていく！　人生これから黄金期！　Maestoso（自信を持って）、Mit Freude（喜びをもって楽しく）、何が起きてもピース！

ここまでお読みくださり、本当にありがとうございました。

心より感謝しております。

コラム

この世で一番の奇跡

Chapter 5 でご紹介した、『地上最強の商人』の著者、オグ・マンディーノは、生涯で16冊の本を執筆しました。それらの著作は総計世界22カ国で３６００万部を売り上げ、今でも着実に読者を増やしているといわれています。

彼の第2作『この世で一番の奇跡』（ＰＨＰ研究所）から、心に響く言葉を抜粋して紹介します。

あなたは再び生まれ変わったのです。でも、同じように失敗や絶望を、あるいは成功や幸福を選ぶことができます。選択はあなたにまかされています。選択するのはあなただけなのです。

では、幸福と成功の四つの法則を思い出してください。

自分の恵みに感謝しなさい。

自分のかけがえのなさを主張しなさい。

自分の枠を超えなさい。

選ぶ力を賢く用いなさい。
今日、あなたは知らされました。
自分こそ「この世で一番の奇跡」であることを。

無から誕生して150億年といわれる宇宙には、無数の銀河系とそれぞれに1000億もの星が存在するそうです。その中で、生命体が住める星はいくつもなく、水惑星が生まれ、生命が誕生し、人間にまで進化する確率を計算すると、数字では表現しきれないほどの奇跡的確率だそうです。

人類が存在するだけでも、こんなにすごいことなのですね。
そう思うと何だかうれしくなる、勇気がわいてくる気がしませんか？

エピローグ

本書を最後までお読みくださって、本当にありがとうございました。

読み終えた今、感じる気持ち、本音、直感をぜひ大事にしてください。

また、「コレだ！」と思ったものを、明日の朝までに一つでも実践してみるといいかもしれません。

スポーツや楽器演奏を始め、どんなことも、やってみることからすべてが始まります。


つまり「行動」こそが人生を変えるのです！


私自身、肯定的な言葉遣いを心がけるようになってから、自分の世界や活躍の場が広がり、こうして本書の執筆のチャンスまでいただくことになりました。

また、私の周りでも、本編の中でも紹介した通り、人間関係がよくなった、昇進して責任範囲が広がった、ヘッドハンターから声がかかった、独立開業した、自著を出版できた、講演家として活動を始めた、起業した、中国で事業を開始した、積極的な海外事業展開を決意し香港やヨーロッパを飛び回るようになったなど、「仕事が楽しくなった」という変化を遂げた方がたくさんいます。

皆さんの中でも確実に何かが変わっていくはずです。

本書を読んでくださったということをきっかけに、仕事、プライベート、収入、趣味、美容、健康など各方面でスケールアップして、飛躍していかれることを心より願っています。

話は少し変わりますが、私の生活では「音楽」もとても大事なものです。

子供のころからピアノや管楽器に慣れ親しんできたせいもありますが、昔から音楽を聞くだけで、心や魂にそれらは響き渡りました。

明るい音楽を聞けば気持ちはウキウキし、愉快な音楽を演奏したり、歌ったり、踊ったりすれば、心はかなり愉快になりました。

私は結局「言葉」もまるで同じものだと思っています。

美しい言葉を読めば美しく、幸せな言葉を聞けば幸せに、楽天的な言葉を書けば楽天的に、そしてうれしい言葉を話せば嬉しくなれるのです。

言葉は我々の「思い」に希望の火をともしてくれるものだと思っています。


言葉にはそれだけの力が本当にあるからです。


私の人生は、いくつもの「褒め言葉」で開かれてきました。

かつて、私に届いた1通のダイレクトメールを、大きな国際会議への招待状とカン違いして、「よかったな、よく頑張ったな」と感激してくれた素朴な父の一言もそうでした。

親の夢を壊すようで何もいえずにいたら、結局本当に国際会議に参加するようになっていた、というエピソードも今では懐かしく思います。

本書の執筆に当たりましては、Ｎａｎａブックスの田中孝行さんの「うん、うん、いいですね」「いい調子ですね」「感動しましたよ！」という、まさに「言葉の力」に励まされてここまで書き上げることができました。

この場をお借りして、心よりお礼を申し上げます。

また、厳しくも温かくご指導くださった、佐藤富雄先生、夏川賀央先生、そして本書をお読みくださいました皆さんに心から感謝します。

佐藤由紀

【参考文献】

◆『愛されてお金持ちになる魔法の言葉』（佐藤富雄　全日出版）
◆『超人手帳』（佐藤富雄　オーエス出版）
◆『あなたが変わる「口ぐせ」の魔術』（佐藤富雄　かんき出版）
◆『いい言葉は、いい人生をつくる』（斎藤茂太　成美堂出版）
◆『地上最強の商人』
（オグ・マンディーノ／稲盛和夫監修　日本経営合理化協会出版局）
◆『松下幸之助一日一話』（ＰＨＰ研究所）
◆『リーダーになる人に知っておいてほしいこと』
（松下幸之助述／松下政経塾編　ＰＨＰ研究所）
◆『宿命を超えて、自己を超えて』（Ｖ・Ｅ・フランクル　春秋社）
◆『それでも人生にイエスと言う』（Ｖ・Ｅ・フランクル　春秋社）
◆『メンタル・マネージメント』（ラニー・バッシャム　藤井優　星雲社）

◆『Psycho-Cybernetics』（Maxwell Malts）
◆『Even Happier』（Tal Ben-Shahar）
◆『The Stress of Life』（Hans Selye）
◆『Organizational Behavior』（McGrow-Hill）
◆『Managing』（Henry Mintzberg）
◆『脳は歩いて鍛えなさい』（大島清　新講社）
◆『言語と思考を生む脳』（甘利俊一監・入來篤史編　東京大学出版会）
◆『霊長類進化の科学』（京都大学霊長類研究所編　京都大学学術出版会）
◆『脳はここまで解明された』（合原一幸編著　ウェッジ）

佐藤由紀（さとう・ゆき）

神奈川県横浜市生まれ。明治大学文学部文学科英米文学専攻卒業。マギル大学経営大学院修士課程修了（MBA）。日系企業、米系企業勤務を経てアメリカン・エキスプレス日本支社入社。市場開発、新規法人顧客開拓、営業目標達成を同時に進める中、上司の言葉をきっかけに一躍トップセールスとなる。前人未踏の売上記録を打ち立て、同社法人事業本部部長歴任の後、日系企業でヨーロッパ地域を担当し海外営業でも活躍。現在は「言葉の力専門家」として講演、ワークショップをはじめ国内外で活動中。幼少からの音楽の訓練や国内外でのビジネス経験を通し「自然を敬い、恵みに感謝し、同じように言葉の心を大事にする日本の心の素晴らしさ」を実感。夢はこの日本の心を世界へもっと伝えること。

◎ホームページ
http://www.gracia-sa.com/

◎Facebook
https://www.facebook.com/#!/yuki.sato.339
今日の言葉を毎日配信しています。『今すぐ「言葉」を変えましょう』を読みました！　とメッセージを添えて、よろしければフレンドリクエストをお送りください。心から楽しみにしています！

Nanaブックス
0099

今すぐ「言葉」を変えましょう

2010年11月29日　初版第1刷発行
2012年11月27日　　　第6刷発行

著　者――佐藤由紀
発行者――林 利和
編集人――渡邉春雄
発行所――株式会社ナナ・コーポレート・コミュニケーション
〒160-0022
東京都新宿区新宿1-26-6 新宿加藤ビルディング5F
TEL　03-5312-7473
FAX　03-5312-7476
URL　http://www.nana-cc.com
Twitter　@Nanabooks
※Nanaブックスは（株）ナナ・コーポレート・コミュニケーションの出版ブランドです

印刷・製本―シナノ書籍印刷株式会社
用紙――株式会社鵬紙業

ISBN 978-4-904899-10-6 C0036